超越自己就美，管她什麼完美！

林宛央

upgrade

人生最貴的「奢侈品」，不過「我喜歡」！

這世界無限，

除非你自己設限

被同齡的人拋棄並不可怕，超越自己就是成長。

你想超越過去的自己，就一定要明白自己的方向在哪裡。

比不努力更可怕的是，你從來不知道自己要什麼。

你也許正被各種磨難困惑著，
甚至被不可思議的底線挑戰過，
漸漸地，你會明白自己的界線在哪裡，
因此在往後的日子，
面對紛沓而來的誘惑和欲望時，
會懂得在什麼時候說 No、
什麼時候說 Yes。

只有你敢不斷更新自己，

才能擺脫別人給你的期待，

找到真正的自己，

那是比嫁入豪門爽一百倍的感覺。

女人，最輸不起的從來不是男人，

而是視野和心境、勇氣和底氣。

懂得和世界握手言和的人，內心都很強大，

強大到敢於以溫暖為盾，那些人性涼薄再也無以滲透，

強大到以真誠為矛，勘破那虛偽的一百種假笑，

強大到，她懂得：原來自己最可貴。

珍惜你所有的經歷，把它們變成專屬的閱歷，

感謝你遇見的所有人，把他們編成一支靈魂戰隊，

從此以後，那些好的壞的，都會跟著你南征北戰。

一個人，唯有經歷過歲月的洗禮，

才能活得像一支隊伍，這就是大人的氣場。

有一天，你回望來時路，

發現公主的水晶鞋，再也蹚不過泥沼，

所以你戴上了皇冠，拿起了權杖，

開闢了一條女王之路，那條路，沒有退路。

推薦序

沒什麼成功是隨便的

洪仲清

「失望的時候，不妨回頭看看自己來時的路，你就知道走下去比走回去容易太多。」

最近在一個活動之後，一位高階主管特地送我一程。他跟我閒聊，「等一下你要休假了喲？」

當時是周末，這問題是合情合理。不過，經他這麼一問，我心裡一列未完成的待辦事項瞬間浮現腦海。壓力感像浪一樣打過來，我像怕嗆到所以憋著氣，一時間還沒回過神來應對這位朋友，有了短暫的靜默。

「還是你沒有休假？」他或許覺察到了我的內在。

我倒是因為這句懂我的話，盪開了微笑，帶著些微苦澀。是啊，每天在臉書上的時間，至少四小時啊，還不包括其他的工作與生活。

所以別人問我在忙什麼，我不知道怎麼回答的時候，就把這四小時先拿出來講。我在忙的事很雜，零散瑣碎，變動又大，很多工作常同時進行，有時不知道要先講哪一件⁉

但這四小時大家都能想像，上我的版面略略看看，大致上就有個底。我一周大致上要看三、四本書以上，不敢說每本書從頭到尾每個字都精讀，但在重點處常反覆思索，好把具有啟發性的文字摘錄出來上網討論。

「沒有休假」，這是一個很貼近，但還算保守的說法。

不知道是不是這陣子用眼過度，眼睛常感覺痠疼。一忙起來，幾天睡不夠，也是常態。如果痛風跟著發作，那時分分秒秒就像沒有休止的重訓。

很慶幸的是，我很少對自己失望，似乎是明確知道我已經盡了力。但疲憊感是我的老朋友，我一直想放下一切去閉關，不過，再看看手上這些我喜歡的工作或活動還沒完成，我又捨不得，想再給自己一些時間。

「從生存挨到生活，把喘氣變成呼吸，並不是一件容易的事。」

我不常提到我的工作狀態，即便對我的家人。或許我內在的共鳴，是當我看到這些懇切的文字之後，感覺被理解、感覺千里之外有人也像我一樣，為了自己的熱愛而拚搏。

有人或許看到了雞湯，我則感受到了某種微妙的友誼。

對世界有活活潑潑的好奇，乍看是一件很美的事情。然而，要為了這樣的好奇，燃燒自己的熱情，我猜不是每個人都撐得下去。

「你很輕易就會活成別人期待的樣子，一路遺失那個獨特的自己。」

要把漂亮話活出來，變成自己的美好人生，任誰都知道，那要付出極大的代價。不想順著他人的期待生存，那通常要用努力、挫敗來鋪墊成自己的踏腳石。

憑藉著一己之力，走在前方，那就免不了背後遭人議論。這世界不缺貶低與批評，但缺少自律之後的自由遼闊。

沒有什麼成功是隨便的！一時幸運會有，但要能持續，需要磨練出一顆難以被摧折的金剛心。

「買名牌的執念，其實是對於社會認同和階層定位的執念。」

不過，這世界多的是想要抄捷徑、省力氣的小聰明。極度渴望被認同的心理，常讓人忘記經營內在靈魂的價值，急急忙要把自己捏塑成這社會歡迎的形狀。

把虛飾的名牌穿戴在自己身上，什麼偶像戲劇熱門就著迷什麼，哪個景點成了聖地也去打卡上傳，聽說能賺錢就拼命往那衝，哪一種價值觀受吹捧就宣稱自己信仰……。

為了快速走到某個想像中的未來，又不想經歷汗水與淚水，沒把馬步紮穩好好揣摩自己是誰，終究在某個轉折踩空落地。

社群網站上把自己的生活填充得熱鬧喧囂，一坐下來談吐便感覺空洞無聊。

不是不能有熱愛，而是這熱愛是根基於踏踏實實地認識與接納自己，自然由內而外。這熱愛，從自我，到關係，乃至於延伸到整個生命，是杯滿自溢。要由內而外，而不是人云亦云，那就要經歷充分的自我對話。我在版面上常分享長文，一起在臉書閱讀成長的朋友，經過歲歲年年，往來對話也都具有相當的水平質量。

腹有詩書氣自華。

「一個人能選擇自己嚮往的那一種，並且認真地生活下去，就是值得尊重的。」

每時每刻，腳步要邁開，都是取捨。

大量閱讀、努力工作，那生活就得簡單，或者人際往來把握住少即是好的原則，才有緩衝與餘裕。每個人的話都要在意，那無異於糟蹋自己。

要生活得美，就別輕易把他人的醜惡放心裡。我們相信自己值得美好，那幸福就能登門報到。

寧可孤單，也不在人群中寂寞。不管飲食娛樂怎麼簡單，喜歡就好，日子是自己在過，處處評論與干涉他人生活，其實反倒是交出了自己的大好時光。

可以有糟透的關係，但不能放任我們成為糟透的自己。世上最要把握的，是自己跟自己的關係。

「你有價值，你的愛才有價值。」

我愛你，
不光是因為你的樣子，
還因為，
和你在一起時，
我的樣子。

我愛你，
不光因為你為我而做的事，
還因為，
為了你，
我能做成的事。

——羅伊．克里夫特〈愛〉

判斷我們適不適合在關係裡繼續投入，除了看對方的言行，別忘了，要看看在關係中的自己，是什麼樣子。

「你有價值，你的愛才有價值。」

「真正懂愛的人，都懂得不斷提升自己，而不是讓自己越來越低。」

我們本身過得豐盛、活得精采，在面對關係，可以少費一點力。

因為我們知道自己要的是什麼，清楚表達，勇敢承擔。失落了，頂多就是回到自得其樂，因為我們一直是個獨立的人。

可以不依賴，我們自己足夠就牢靠，因為我們可以把自己養得好。那些勞碌沮喪，不就是要跟老天換一份自主，一個珍貴的心安理得。

如此，才能愛得細緻，不糾纏難看。

「知道什麼是將就嗎？是一種無可奈何的讓步，是一種充斥著不甘心的屈服。」

看這本書，學不盲從，學不在關係裡將就。成功並不隨便，對自己也別隨隨便便。

推薦這本書，讓作者帶著我們做自己，有沒有人愛都自在！

推薦序

contents

Chapter

1

起步

你需要超越的，是屬於過去的自己

Chapter 2

界線

不要隨便評價別人的人生

Chapter 3

自律

為了得到想要的，必須先承受讓自己痛苦的事

Chapter 4

勇氣

敢於撕掉標籤的人，都活得很精彩

Chapter 5

感情

你有價值，你的愛才有價值

Chapter 6

婚姻

已婚，不是人生的標準配備

Chapter

1

起步

你需要超越的，

是屬於過去的自己

你寶貴的青春，
就是用來給你走錯一段路，
然後胸有成竹
走向你想要的人生。

你寶貴的青春，就是用來試錯的

前幾天，在餐廳偶遇許多年不見的舊友Q，閒聊中提及彼此這些年的生活，她的語氣裡滿是遺憾。

她說：你知道嗎？那天看到你在朋友圈曬一張老照片，說自己大概是「不良」少女，早早就開始談戀愛，結婚也沒安定下來，仍然在不同的城市居住、生活。我竟然特別羨慕，羨慕你去過的那些地方、愛過的那些人。

我哈哈一笑，對朋友說：「其實你只是不夠愛玩，現在開始也不晚啊。」

一直以來，我都覺得前半生沒有好好玩過的人，是過不好後半生的。我所謂的「玩」，不是叫所有女孩都學壞，而是在你的二十幾歲，一定要嘗試做自己喜歡的事情，過自己喜歡的人生。

哪怕那種喜歡會讓你跌跌撞撞，甚至頭破血流，但只有痛過、笑過、經歷過，才會明白究竟什麼樣的人生才是自己最想要的。也唯有那種在悲苦交雜人生經歷中練就出的「辣」，才能支撐你走過一個又一個春夏秋冬。

二十幾歲如果不揮霍、不浪跡天涯、不隨心所欲，難道要等到老，什麼都做不了的時候，再去後悔嗎？年輕時喜歡的東西就要牢牢抓住，因為時光一去不復返。

不穩定和神經質，也許就是二十歲的特色。過了這個年齡，就算你想放浪，老天也未必給機會。

年輕的這一代人很容易被貼上各種各樣的標籤，但他們仍然渴望做自己。所謂的做自己：便是在什麼樣的年紀做什麼樣的事。

我們只有一個二十歲，千萬不要被催熟，更不要按快轉，把自己送到不屬於二十歲的人生。提前變得圓滑玲瓏，穩重不犯錯，一鍵輸入指令便完美執行，和機器人又有什麼區別。

只有結果，沒有過程；只有安穩，沒有驚喜的人生，其實就是認輸。在原本可以浪跡天涯的年齡，你奢求什麼歲月靜好？希望你們去過一種暢快淋漓的人生。

太多人是怕犯錯的，怕玩過了頭，會到處碰壁，但二十幾歲的犯錯，其實是在給三十歲以後的人生鋪路。

我的閨密美亞曾經這麼說：我就是想你多看世界，看到好的，也四處碰壁，挖掘極限，也知道界限。你寶貴的青春，就是用來給你走錯一段路，然後胸有成竹走向你想要的人生。

她自己也是這麼活，一直以來都是野蠻生長。上學時努力讀書，但也不是安分學生；年輕時輪番換男友，每次都是死去活來；工作後百般折騰，從北走向南，現在又走到了香港。

但這樣一個女孩卻在三十歲時，將自己的前半生溫柔落地，如今一兒一女，老公多金且體貼，婚姻幸福到讓很多人豔羨。

她沒犯過錯嗎？當然不，哭得大概比誰都多。但二十歲玩過的歲月、犯過的錯，流淌在她的血液裡，成為她基因的一部分，指引著她去尋找那個最適合自己、也最能撩動自己的人生。

正是因為二十歲的體驗夠豐富，所以她比任何人都更清楚，哪些路是自己能夠走到底的。

而我和她也差不多，並不是傳統定義上的乖乖女。

念大學時因為專業問題，和爸媽無數次周旋，最後仍選擇了自己喜歡的；畢業後又放棄他們用盡所有關係幫我安排好的工作，到一個陌生的城市，倔強地打拼；父母不希望我太早交男朋友，但我高中一畢業就開始談戀愛。

後來結婚後，所有人都希望我可以安定下來，但這些年來，我卻從一個城市漂泊到另一個城市，去年還辭職，在一個全新的行業重新開始。

風風雨雨裡漂泊近十年，辛苦自然是有的，但最大的好處是：永遠明白自己想要的是什麼，所以從不糾結。

因為被各種磨難折磨過，也經歷過不同的城市、不同的人群，甚至被各種各樣的底線挑戰過，所以一早就明白自己的界限在哪裡，因此在後半生面對紛沓而來的誘惑和欲望時，懂得在什麼時候說No、什麼時候說Yes。

電影《穿著Prada的惡魔》裡提到海明威的一句話：「如果你年輕時待過巴黎，那麼此後無論你到哪裡，巴黎將永遠跟著你。」意思是：你的每一段經歷，都將成為人生不可切割的一部分，這些經歷逐漸成為你的氣質，影響並改變著你的一生。

後來，看遺傳學家莫薛・思夫的 TED 演講《早期的生活經驗會改變 DNA》，他用十五年的時間，觀察那些早期生活經歷不同的孩子，然後發現，不同環境和生活會讓這些孩子的 DNA 也相對發生改變。

他在演講裡說：「DNA 不僅僅是一系列的字母，它不只是一個腳本，而是一部動態電影，我們的經歷正在寫進這部電影中，它是互動的，就像用遙控器看電影一樣，你在用 DNA 觀看你的人生，你可以控制基因的表達方式。」

你走過的路、愛過的人，決定你會過怎樣的人生。

縱然很雞湯，卻也是事實。

每次當別人問我，二十幾歲要怎麼過，我都會說：「好好玩，想怎麼過就怎麼過。」因為二十歲的隨心所欲，會讓你比那些被長輩安排好人生的人，更能多元地去體驗生活，那麼必然的，得到的價值觀也是多元化的。

好好玩過的人更能掌控後半生，你會更懂得寬宥生活中的種種不易，也更能接受那些意料之外的變故，有原則但更有包容力，這就是所謂的眼界。

你走過的路、愛過的人，
決定你會過怎樣的人生。

這世界很功利，
它看的是一個人的實力。
如何將一手爛牌越打越好，
最重要的是，真的別太懶。

超越自己，先明白自己的方向

時間可以改變外表，還有腐蝕夢想。

早在很多年前，孫儷是電視劇《情深深雨濛濛》裡，一個連正臉都瞧不見的舞蹈演員。二〇〇三年拍攝《玉觀音》的時候，她的片酬一集只有兩萬元。因《玉觀音》成名，她後來努力拍了很多好的電視劇。拍《甄嬛傳》的時候，她一集的片酬漲了很多。二〇一五年，拍攝《羋月傳》時，片酬再漲。

和她合作過的演員接受採訪時說：「孫儷非常勤奮認真。」孫儷說讓她感動的卻是蔡少芬，拍攝《甄嬛傳》時她剛懷孕，為了詮釋好角色，蔡少芬不聽任何人的勸導，跪地幾個小時，和陳建斌老師演對手戲。

很少有人能想像，除了拍《玉觀音》的時候休息過三個月，孫儷幾乎沒有一天好好休息過。每天半夜三更背劇本，同時還要照顧家庭。

這樣的人不紅都難。

和身邊的好友聊起這些明星，感慨她們辛酸難言。R說：「一集給我那麼多錢，什麼辛酸我都接受。」

其實錯了。我們習慣把夢想實現的順序顛倒，不是因為一集的酬金高，所以堅持背劇本，而是因為用心背劇本，所以她的片酬就是比別人高。

別埋怨，這世上真的沒有什麼成功是隨隨便便的，你不拼命，永遠沒有機會。

每當有人問我：「你為什麼那麼喜歡孫儷？」我能想到的答案就是：她是那種每一天都在超越自己的「稀有動物」。

這種超越，沒試過，你永遠不會知道有多難。

人生這個大戰場，不進，其實已經是在退步。比如我自己。

以身材為例，作為一個女人，我永遠希望今天的自己比昨天更美：要A4腰（小於二十一公分的小蠻腰）、要高級臉、要馬甲線。然而，最近我發現自己長得越來越醜了。

A4腰算什麼？我的贅肉可以讓A4紙反過來；高級臉，不存在，我的氣質叫「土味」；馬甲線就更不用提了，我到現在也不知道長在自己身上是什麼樣子。

不想被醜肆虐，我發誓要減肥。

然而，仰臥起坐，只有仰臥沒起坐；慢跑只有慢，沒有跑；游泳只有泳，沒有游。

別說超越過去的自己，我能保證明天的體重和今天一樣，就已經謝天謝地。

而那些真正敢和自己較量的人是什麼樣子？

想起那些當紅的天后，進了演藝圈一個比一個精瘦美。每個下戲後幾乎都泡在健身房，每天數小時的運動量，讓她們有了A4腰、有了馬甲線，還可以反手摸肚臍。

你說這個世界很功利，一點都沒錯，它看的是一個人的實力。

前幾天朋友R和我說，他準備放棄夢想。他從初中開始學習畫畫，一直夢想成為一名優秀的畫家，開辦個人畫展，現在他決定回到小城市，過簡單的生活。

他放棄時那難受的模樣，讓我有瞬間震動。那天晚上我拋給讀者群一個問題：

你們的夢想實現了嗎？

一時間，群組裡熱鬧地討論起來。

「我的夢想是成為中國首富，現在一個叫馬雲的替我實現了。」

「我的夢想是當個演員，可是你看我現在胖得連眼睛都看不見。」

「我的夢想是當個飛行師，現在只有坐飛機時才會想到飛機的樣子。」

……

長久的沉默，大家都有些許惆悵。

過了很久，一個讀者說：「人最痛苦的事情，是我本來可以，卻沒有。」

那天之後，我突然明白為什麼我們要努力實現夢想，因為不想有遺憾，為什麼又放棄夢想，因為堅持太難了。

可是，最好的路，向來都是最難走的。

一九九九年創辦阿里巴巴的馬雲，考重點小學失敗，考重點中學失敗，考大學考了三年，還好始終沒放棄。

夢想是要腳踏實地的，是和眼淚相關的，不哭過長夜的人，不足以做為夢想。

一九九六年，已經成名的主持人楊瀾，懷著孩子時，念了哥倫比亞大學的碩士學位，做了一檔電視節目《楊瀾視線》，懷孕了尚且用命去拼，只是為了一個夢想：做出高水準的訪談電視節目，她最終獲得好評。

這世上根本就沒有毫無道理的成功，他們夢想的實現，也許正是因為比我們多堅持了一點。

當我們不能堅持，不拼到無能為力，根本沒資格向老天要好運氣。

當然，拼命的姿態是一定要有的，但拼命的方向也一定要對。

有段時間朋友圈很流行一句話：「你不優秀，認識誰都沒用。」乍聽之下很有道理。這句話的初衷是好的，鼓勵每個人都要非常努力，因為當你足夠閃耀，自然有人來找你。

有時候你認識的人對你很有用，你卻覺得他沒用，不過是他不能為你所用。我一直認為，在成功的道路上，人脈必不可少。但所謂的人脈不一定要很成功，是他能在關鍵時刻讓你堅持下去。重要的根本不是你認識了誰，而是你認識的人能讓你成為誰。

中學時我發現自己喜歡寫作，當時的班主任語文老師非常支持，常常用自己的錢購買一些書籍送給我，並幫我把文章發表在當地的報紙，說真的，如果沒有她的信賴、幫助與指引，寫作這條路我早就放棄了。

在前進目標時我們容易走進死胡同，認為你必須很厲害，才會有人幫助你，或者只要有貴人相助，你就能變得很厲害。然而這兩者從來不矛盾，夢想要有，背後為你指點迷津的人也要有。

你想超越過去的自己，就一定要明白自己的方向在哪裡。比不努力更可怕的是，你從來不知道自己要什麼。

最初的夢想要戴上隱形的翅膀，才能帶你飛過絕境。夢想一定要有，哪怕最終沒實現，至少也曾真真切切。

我們一路急功近利，忘記給夢一個臂膀，我不要你感嘆我本來可以，我要你說我很可以。

與其羨慕別人過得好，不如羨慕別人的努力

你看起來沒那麼好，
真的是因為你做得不夠多，
而不是別人運氣好。

離職的那一天，抱著自己整理好的東西準備離開，一位共事多年的同事問我：「辭職後有什麼打算？」我隨意地說：「吃喝玩樂，周遊世界。」

其實，屁咧。除了吃喝，剩下的事情和我根本不沾邊，雖然說不準備工作，但是一入自媒體寫作深似海，從此老公變身陌路人。周遊世界？哈哈，那是自我安慰。

我能想像得到的生活就是：寫作、寫作還有寫作。

然而同事M說：「真是羨慕你，看起來自由自在。」她還私訊問了我一句：「為什麼你運氣那麼好，而我卻事事不順。」

我回她說：「哪裡有什麼運氣？很多看起來的光鮮亮麗，背後是被你忽略的千辛萬苦。」

她很沮喪地說：「可是我連看起來光鮮亮麗都做不到。」然後，我也回了她一個私訊：「那就先讓自己吞下幾分辛苦。」

王家衛導演說過：「人生是一個見自己、見天地、見眾生的過程。」那些能見得了別人的人，得先過了自己這一關。

這世界，人人都想穿新衣、買名牌，可是憑什麼？憑什麼是自己，拿走這份好運氣？

很不客氣地說，你看起來沒那麼好，真的是因為你做得不夠多，而不是別人運氣好。

但人們會習慣性地為自己掩飾，所以當一個人成功，大家的第一反應是：潛規則。要麼靠錢，要麼靠關係。

有時候我說起身邊某個女孩子又美又有錢，總會聽到有人說：「人家和我們不一樣啦。」語氣裡滿是不屑。

為什麼不敢大大方方承認：別人就是努力又有實力？

之前，和幾個人一起吃飯，聊到女同事Amy，她在公司晉升迅猛，短短一、兩年升到部門經理。有人就說：「像她這種女孩，夠美，一看就是睡上來的。」有混得不如意的，立刻跟著附和。

「夠美」加重了語氣，很高明地引起人們對於漂亮女人的偏見，在腦海中幻想出了一部又一部灑狗血職場八點檔電視劇。

而且所有的職場八點檔都必然是一個主題：美貌上位史。

我有一個年薪百萬的女性朋友，直到今天，仍然在被這種輿論霸凌：「她一定是靠潛規則來的。」人們始終不願意相信，一個女人只憑自身努力，也能做出一點成績。

這個世界對於美貌且能幹的女人有個永恆的中傷模式，毫無創意，從未更新，但百發百中：靠美貌換來的。人們心有靈犀地自動去掉「能力」這個詞。

如果你敢去正視那些美貌女子的努力，用公平的心態來衡量女人在職場的品名，你就會知道她們可以又美又有錢，自有一定的道理。

那些在背後說風涼話的人，不敢承認她的努力，其實還是露了怯，怕長別人的威風，滅自己的志氣。嘴巴那麼毒，心裡全是苦，看似不敢承認別人的努力，實則不敢承認自己的弱，所以就讓「潛規則」來揹這個黑鍋。

可惜，世界不肯揹這個黑鍋，它承認每個人的努力。只會詆毀別人是沒用的，省下唾沫橫飛的時間，認認真真做點事情，才有機會追上別人那麼一點點。

我喜歡的作家亦舒，幾十年來，堅持每天寫作，她出版的著作，多到現在我都看不完。村上春樹夠厲害了吧，仍然堅持跑步、讀書和寫作，他靠三千日常字謀生。

我從不羨慕別人的生活，羨慕人家過得好，不如羨慕人家的努力。

有一個閨密R特別有意思，有一次我和她說：「你看Mandy過得多好。」她反問我一句：「你怎麼不說她每天有多晚睡？」

R說：「我無法付出她付出的代價，所以，她得到的我也不稀罕。」

我挺喜歡這樣的女孩。她的心不盲從，她珍惜自己擁有的，也肯定別人得到的。不做無謂嫉妒，也不惡意中傷，始終尊重每一分付出。

其實貶低別人的付出，是在給自己的軟弱找藉口，打擊的不是別人的面子，而是自己的臉。你一定很墮落吧，所以才不敢承認別人的堅持。

這世上到底有沒有潛規則，不是你該關心的問題。

比起掩耳盜鈴，虛張聲勢地去詆毀認真生活的人，我更希望你做一個敢於承認別人就是比自己美、比自己有錢的人。

唯有你清空了心裡的嫉妒，陽光才能照進來。

你需要超越的，
是屬於過去的自己

貶低別人的付出，
是在給自己的軟弱找藉口，
打擊的不是別人的面子，
而是自己的臉。

誰不是一邊喪著，一邊燃著

你問我何以解憂。
答案是：唯有挺住。

有一年的跨年夜，在從日本開回上海的遊輪上度過。我在遊輪的第七層看表演節目，同行的朋友M小姐在甲板上喝酒，她說：「此時要盡情玩樂。」

我給M發訊息：「人生苦短，除了盡情玩樂還能做什麼？」

那時，承載了成千上萬人的大遊輪，剛剛進入它最喧鬧的時刻，絲竹笙歌入耳，燈紅酒綠入目，湧動的人群，搖晃的酒杯，都在期待著進入一個更盛大的來年。

值此良辰美景，最讓人迷惑，有一種孤獨的味道狠狠剜進心裡。跨年是最適合追憶舊時光的契機，除了感慨一句「人生苦短」，還能說些什麼呢？

這就是為什麼，我們會在一夜之間被「十八歲的舊照片」刷爆朋友圈，想一想，正在翻看十八歲老相片的你，會不會也有一點傷感：曾經擁有的如海一樣翻湧不息的純真，如今還能留下多少？

想起去年，你又會用什麼樣的關鍵字來做回顧：油膩？佛系？還是無奈？很不想承認，但這一刻我再也不想打腫臉充胖子，之前的我真的油膩過、佛系過，更有無數個瞬間，自覺頹喪到不如狗。

何以油膩？這真是避無可避的事情。年少時，不必獨自抵抗風雨，沒那麼多斤斤計較。人到中年，淒風苦雨，刀光劍影，沒有些許成年人的世故算計，怎挨得過別人潑你那一身腥。

曾經艱難謀過生活的人，都對「葷腥」這個詞，愛也不是恨也不是。

何以佛系？那看似雲淡風輕的不爭裡，其實是用自己內心深處存留的一點點真，在和世界的潛規則對抗。如果沒有這一點佛系價值觀，感慨青春已愈離愈遠，對鏡自照，只怕又要多嘆一句：「終於，我也變成了當年最討厭的自己。」

至於頹喪如狗，何必我多說，身為成年人，又有誰不會有那麼幾個想死的瞬間呢？每一個站在懸崖邊，挪動了一隻腳，又慢慢退回來的人，還不是想要再苦苦撐一撐。

燈紅酒綠裡，摩肩擦踵的高樓裡，風雪無聲覆蓋的街道上，住著億萬萬踉蹌的靈魂。這就是在期待著盛年的我們。來年，我們又在期待什麼呢？

其實，我們期待的不過是一種心安，不過是靈魂的不再踉蹌，每一年我們期待的都是和過去的自己相比，只要有機會，不做面目全非的自己。

我不敢說不難。這人生，譬如朝露，去日苦多。

但為什麼我仍然期待？不過是，我也知道，那些我經歷過的每一年，都在為靈魂裝上盔甲，盔甲終成戰車，送我入無人之境。

所以，有什麼好怕的呢，既然和這個世界作對了這麼多年，從來沒退縮，不妨再多走幾步，讓它看看這個不認輸的女孩。

失望的時候，不妨回頭看看自己來時的路，你就知道走下去比走回去容易太多。多懷念自己的十八歲，懂得回顧過去，就沒什麼扛不住的。

可是，當你看完十八歲的照片，更要記得給此刻的自己一個擁抱：真好，有機會去懷念，真好。

所以，你問我何以解憂。

答案是：唯有挺住。

既然和這個世界作對了這麼多年，
從來沒退縮，
不妨再多走幾步，
讓它看看這個不認輸的女孩，
有多美！

從生存熬成生活，你得不停闖關

每當別人問我
最驕傲的事是什麼，
真的就是那一句很雞湯的話：
還好我沒放棄。

十年前，我剛大學畢業，收到應聘公司的到職通知書，一個人來到現在生活的城市。行李裡除了尋常衣物，只有一張畢業證書和大學兼職剩餘的幾千塊錢。

我對自己說：「你得在這個城市活下來。」一個人，吃住是最大的問題。我最先的考慮是住在公司附近，找了幾家仲介詢問房租，我就傻眼了：哪怕是最小的房子也無力承擔。

和很多人一樣，我最終選擇了城中村（留存在城市區域內的傳統鄉村），環境髒亂差，和周星馳的電影《功夫》裡所看到的場景一模一樣。衛浴是公用的，廚房是沒有的，衣服像彩旗一樣，從一樓一直掛到了十幾樓。樓道裡常年都是溼答答的，泛著貧窮所特有的潮氣。

房東大叔為我打開其中一個屋子，我看了看那張小小的床，覺得沮喪極了。要知道就在前一個月，我還在和同學把酒話未來，描述自己心中理想的房子，就算不能面朝大海，至少也要有一扇大大的落地窗。

可是眼前只有一個大叔拍著我的肩膀說：「城中村，夢想起飛的地方。」我很懷疑，這樣潮溼的環境能滋生怎樣的夢想？但就這麼住了下來。

那時候我想，一定要好好工作多賺錢，趁早搬出這個破地方。

城中村是個很奇怪的地方，我更喜歡稱它為「村中城」。一個小小的村子，囊括了城市的聲色犬馬：酒吧、KTV、餐館、服飾店，應有盡有，當然基本上都很廉價。

但即使是那種廉價的奢侈，我也消費不起。通常我只是穿過長長的小吃街，買幾十元的小菜拎回家，邊吃邊熟悉報社的一些企劃、流程。要把錢留下來解決基本溫飽，畢竟距離拿薪水還有一個月的時間。

生活的美妙往往在於它的出乎意料。到了發薪水的日子，我沒領到薪水。那陣子公司重組合併，財務上的流程沒有走完程序。所以，我更窮了，漸漸地，連晚餐那幾十元的小菜也省掉了。

住在隔壁的女孩問我：「咦，你最近怎麼都不吃晚飯了？」我笑了笑，回她：「減肥啊。」然後關門忍著餓，繼續做企劃、寫專欄。

一直到我工作的第三個月，薪水也沒有發下來，手裡能用的錢只剩二十元。當然可以開口向爸媽要，但一想到畢業了還做伸手牌，覺得不好意思，就逼自己再忍忍看。

接下來的一週我靠吃泡麵度過，用一個電熱杯煮點麵，配一點鹹菜，那是我最窮的歲月。

覺得快撐不過去的時候，有個同學說她認識一個攝影師，可以找我拍一組淘寶衣服的穿搭，酬勞是兩千元，我同意了。照片快拍完的時候，主編打電話給我，說是有個緊急的稿子讓我趕一下。於是我匆匆拍完，妝也來不及卸乾淨，濃得誇張的粉糊在臉上，成片地掉。但我沒時間注意這些，揹著包包就朝網咖趕去。

走到城中村口的時候，一個男人遞給我一張紙條，上面是他的手機號碼。我印象非常深刻，因為他對我說：「多少錢一晚？」我呆立在那兒許久，用力捏緊紙條，我當然沒有打給他，那張紙條我保留很久，想記住那種恥辱感。

之後，我拿了其中一千六百元批發了一些女生的飾品，在晚上下班的時候擺攤，因為款式新穎，價格也便宜，竟然很暢銷，不到一個月，我賺了兩三倍。擺攤最多到九點半就結束，我強迫自己看書或者寫兩個小時的文字，那時候也沒什麼具體的概念，就是寫一寫平常讀書的感悟，以及影評、雞湯之類的文章。

其中一篇，因為被一個比較出名的雜誌選用，剛好被北京某個出版社的編輯看到，覺得不錯就聯繫我。她對我說，她要企劃一本必讀經典的書評類的書，希望我能寫幾篇稿子，如果審批通過就簽合約，交稿就可以拿到四萬元。

她說：「你只有一晚上的時間，一萬五千字的稿子，明天早上開編審會議，八點之前要是收不到稿子就算了。」

那時候我窮得連電腦都沒買，平常寫專欄、寫文案，都是先寫在日記本裡，第二天趁午休輸入到公司的電腦上。

後來我在網咖寫了一整晚，周圍人聲嘈雜，得戴著大大的耳機，靠強大的念力驅散菸味、泡麵味才能進入自己的世界。第二天早上的六點前，把稿子寄過去，兩天後，編輯告訴我通過了。

之後，我逐漸告別了那段最窮的日子。從月薪一萬初，到現在衣食無憂，有車有房，徹底在這個城市扎下根。

寫作這條路也越走越寬，從一開始當人家的槍手，到後來陸續接到影視合約。

後來有人問我，想成為一個財務自主的女孩，難嗎？

我不想說違心的話：只想說：難，真的難。從畢業到現在整整好幾年，每天下班後的幾個小時，我都在努力寫作，拼命學習新的東西，記不清有多少個晚上，從月色朦朧寫到黎明已至。

爸媽生病住院，我一邊照顧他們，一邊等他們休息之後，蹲在醫院的走廊裡寫稿子，還要替老闆搞定難纏的客戶，拿出最精準的資料。即使抽空和老馮去旅行，他開車，我窩在後座，依然提前給客戶做企劃，為的就是能夠擠出一點玩的時間。

不僅僅是我，我認識非常多看起來過得很好的女孩，都曾經被生活狠狠地折磨過。

R剛過完三十歲就升到公司管理階層，可是再往前幾年的她，花幾十塊錢買份酸菜魚，吃完魚，就吃酸菜，吃完酸菜，就用湯下麵，真的把一份酸菜魚吃到酸掉。

她現在年收入上百萬，可是我見過躺在病床上的她，一隻胳膊掛著點滴，另一隻手在鍵盤上完成一篇專訪。爸媽打電話叮囑她不要太累，她說：「不會不會，我現在到處玩呢。」

人前永遠都是笑，但深夜裡哭得比誰都兇猛，哭完繼續爬起來做事，終於我們也都成了當初想成為的大人。

這些年來，每當別人問我最驕傲的事情是什麼，真的就是那一句很雞湯的話：還好我沒放棄。

從生存挨到生活，把喘氣變成呼吸，並不是一件容易的事。你要跳過生活設置的重重障礙，打敗一次又一次的絕望，熬過日復一日的辛酸，躲過綿綿不絕的輕蔑，才掙回一點點反擊的資格。

曾經窮到要死，到現在有一絲的成就和保留自我的權利，讓我一直撐到這一刻的究竟是什麼？

我想，有一點向死而生的勇氣，還有一點樸素向上的力量。如果非要說有什麼是貧窮生活裡值得珍惜的，那一定不是貧窮本身，而是貧窮生活裡的那顆素心——那顆樸素地想把生活過好的心。

因為我想把生活從喘氣變成呼吸。不急功近利去求，不機關算盡去爭，而是腳踏實地一寸寸拚出現在的生活。

如果你現在也在貧窮的日子裡，不要氣餒，使勁地抬手去碰一碰好生活的自己，才是最好的。

Chapter

2

界
線

不要隨便

評價別人的人生

出去看看世界，就是更新自己的契機

一個看過世界的人，
絕對不會永遠活在
一種價值觀裡。

自從去年辭職成為自由業之後，每隔一段時間，我都會去新的城市住上兩週，不單單是去旅行，最重要的是踏踏實實地去體驗當地人的生活。

我花了一年時間，從南走到北：和一群潛水愛好者體驗潛水，也跟著幾個朋友從四川出發，騎行至西藏。在華山時，當地朋友說：你一定要感受一下夜爬華山。於是在最黑暗的時刻，等待黎明將至，我真的爬了一晚上的山。去了廈門之後，也和在地的年輕人一樣，挑上風和日麗的一天，在環島路上吹著海風，騎著自行車。

每去一個城市，我都會切換當地的生活方式。

這些城市之中，有的節奏很快，比如北京、上海，行人步履匆匆，約人見面都是在工作中抽出那麼一點時間，常常會讓人想起張愛玲的那一句：「在這誇張的城裡，就是栽個跟頭，只怕也比別處痛些。」

但也有些節奏很慢，比如成都、長沙、西安、三亞等等，在這些地方，彷彿只要有身邊陪伴你的人以及喜歡的食物，其他都不重要，安逸得極容易讓人記起童年那悠長的假期。

基本上，每個城市都有自己的氣質，而這些氣質又會在不知不覺中影響著你。

最近這一年是我變化最大的一年，倒不是因為工作上的重大調整，而是這一年的旅居生活，讓我越來越相信，世界絕對不只你眼前所能看到的這一小片天地。

年輕時多去看看世界，你會發現自己越來越不一樣，視野也越來越開闊。

作家三毛曾經這樣形容她初到撒哈拉沙漠的感受：「一種極度的文化驚駭」。她寫過〈芳鄰〉、〈娃娃新娘〉等很多剛到撒哈拉沙漠時和當地人相處的故事，完全突破自己認知極限的生活方式和觀念，曾經讓三毛後悔過、害怕過。

後來，真正在撒哈拉沙漠住下來，用一顆更開闊的心去接納這個全新的世界之後，三毛漸漸改變了，所以後來才寫出了〈懸壺濟世〉、〈荒山之夜〉、〈沙漠中的飯店〉那麼多瀟灑的文章。

撒哈拉影響了三毛的一生。

撒哈拉之前，三毛是蒼白的、憂鬱的、迷惘的，個性很消極；撒哈拉之後，三毛的風格就轉變成陽光、豁達、灑脫不羈。

她在一次採訪中說：「在撒哈拉定居下來後，幾乎拋棄過去的一切，我成為他們中的一分子，個性裡逐漸摻雜他們的個性，不可理喻的習俗成為自然的事。撒哈拉人是很幸福的人，他們從不抱怨，也許知道時局，但不關心，無所謂名，也無所謂利。」

三毛在沙漠裡學到的最大一門功課就是「淡泊」，她身上那種悲天憫人、對世事盡可能原諒的情懷，正是受了撒哈拉之廣闊的影響。

三毛一直愛旅居，短短十年遍歷大半個地球，原因她自己說過：「我不愛景，但愛人。」

多去看看世界，最重要的從來不是去看風景，而是在人群中更瞭解生活的意義，從而不斷地更新自己。這就是所謂的眼界。

當一個人困囿於眼前的一尺見方，他得到的是偏執以及自以為是。他不能理解為什麼這世界有人和他不一樣，他把別人的不同當作是不對的，或者偏離主流的，本能地排斥著那些不同於自己的生活方式。終於，他的世界越來越小，連好奇心也逐漸喪失。

這是非常可怕的事。

觀察一個人是不是足夠有眼界，就看他如何對待一個和自己價值觀不相同的人：是尊重理解、嘗試著去接納；還是用自己封閉的眼光直接否定。

而一個人仍然年輕還是早已老去，看的不是容貌，而是那顆心，是否仍對世界保持著好奇，是否還保留一絲純真。

一個看過世界的人，絕對不會永遠活在一種價值觀裡，他們不會嘲笑那些經濟落後的地方，而是轉而用更多元的價值觀，去欣賞他們對生活的淳樸之態；他們也不會過分迷戀那些世俗的成功，因為他們見過不同的城市、不同的人群，更明白金錢不是唯一的追求。

趁年輕，多去看看這個世界。

你會遇見很多大歡喜、小悲傷，在人山人海中，不斷重塑自己的價值觀。

這個世界有無數的可能性，不是隱藏在網路裡就能想像的，如果你不出去走走，永遠不知道曾經的自己是多麼狹隘。你很輕易就會活成別人期待的樣子，一路遺失那個獨特的自己。

而當你見過各種各樣的人群，擁有不同的價值觀，你會知道，那個和別人不一樣的自己，是美好的、正常的、值得善待的。

三毛在《雨季不再來》裡這樣寫：「過去被我輕視的人和物，在十年後，我沒了那種想法，我也慢慢減淡了對英雄的崇拜。我看一沙，我看一花，我看每一個平凡的人，在這些事情的深處，才明白悟出了真正的偉大和永恆。」

人是可以改變的，只是每個人都需要契機，而多看看世界，就是那個最易得的契機。

真正的永恆不是不變，而是變。
變得更包容、更多元、更廣袤。

想留你在身邊，
更想你擁有全世界。
你的世界，大於全世界。

世界再大，大不過一盤番茄炒蛋

有一個《世界再大，大不過一盤番茄炒蛋》的電視廣告讓我印象深刻，內容很簡單，卻引起許多人共鳴。

一個剛到美國留學的男孩，打算在聚會上做一盤番茄炒蛋招待朋友，以便順利融入新環境，可是自己什麼都不會，於是發微信向媽媽求助。

媽媽發來語音教學，他按照媽媽的話去操作，然而語音嘈雜，因為爸爸一直在插話，兩個人搶著教兒子做菜（這個細節我覺得超感動，我爸媽每次也這樣，總是搶著想和我們說話）。

再加上朋友們又都紛紛發來語音訊息，問他是不是做好了菜，這個男孩就不耐煩，給自己的老媽丟了一條訊息：「媽，你這發的什麼東西啊，我聽不清楚，你這個不行。」

一下子，媽媽寄來影片，影片裡媽媽親自下廚，做了一盤番茄炒蛋並詳細解說製作過程。

男孩在影片的說明下，完成番茄炒蛋，並得到朋友們的一致稱讚。其中有個人得知他來自中國，悠悠地問了一句：「中國和美國的時差是多久？」

男生回答：「十二個小時。」

這時他才意識到，當他在美國時間下午四點，為了一盤番茄炒蛋向媽媽求助時，爸媽的所在地時間才淩晨四點。

字幕此時出現爸媽的心聲：

「想留你在身邊，更想你擁有全世界。你的世界，大於全世界。」

我哭了，因為幾乎一模一樣的話，我媽也曾這麼對我說過。

當年大學畢業，離開家到異地打拼，雖然沒有像影片中那個男孩一樣漂洋過海，但我媽在我離開家的第一個月，幾乎就沒踏實睡過覺。

有次早上接到她的電話，她提醒我穿厚一點，說是家裡下雨，怕我這裡也開始冷起來。我發簡訊和我弟閒聊，無意中問起家裡是不是雨下得很大，我弟愣了一下說：「沒下雨啊！」

後來我才知道，那天不過是深夜兩三點落了一點點雨，而她擔心自己遠在千里之外的女兒，所以一夜無眠。

那一段時間，她打電話給我打得特別頻繁，因為工作上事情多、壓力大，我常常會很煩，在電話裡抱怨她：「你如果那麼不放心，乾脆就讓我什麼也不做，天天留在你身邊好了。」

她卻說：「很想把你留在身邊，又怕耽誤你的前程。父母的世界是兒女，兒女的世界卻很大。所以，最重要還是你們過得好。」

世界再大，大不過一盤番茄炒蛋，說的不是兒女，而是父母。

你可能永遠想不到，你那相愛一輩子的父母，會為了給你做一盤番茄炒蛋而吵翻天。

最近，因為我姐做完月子回娘家，我也回老家陪爸媽住一段時間。昨晚我姐說想吃番茄炒蛋，我媽就趕緊進廚房做。

端上來的時候，我吃了一口，然後開玩笑說：「媽媽，你做的番茄炒蛋，蛋是蛋，番茄是番茄。」

我爸聽到，看了一眼那盤番茄炒蛋，便開始埋怨我媽做飯偷懶，總是把蛋炒熟了，把番茄往裡一倒就了事。

他擔心我們吃不好，所以一邊數落我媽，一邊非要起身重新去做。

好像一直以來，他們的爭吵都是圍繞我們。

我爸總嫌我媽這個做不好那個做不好，但說到底，是怕我們不好；我媽總嫌我爸不懂得和我們好好溝通，埋怨他脾氣不好，其實怕的仍然是我們不好。

他們會因為一盤番茄炒蛋的味道而互相埋怨，也會因為聲音太大打擾我們休息而彼此指責，永遠都是一些小得不能再小的事，只不過因為和兒女有關，就成了天大的事。

而我相信這不僅僅只是我的家庭寫照。

這則廣告被網路洗版的當天，我採訪了身邊的一些好友，試圖找到比番茄炒蛋更讓人動容的答案。

我得到這些故事。

Amy說：「我爸是個獨生子，一輩子嬌生慣養，卻在我孩子出生的那段時間，因為心疼我，在大冬天裡洗了上百塊尿布，一雙手都生了凍瘡。世界再大，也大不過一個父親對女兒的愛。」

Momo說：「過年回家，提前打電話和我媽說想吃餃子。回家後發現廚房裡有各種各樣的餡料，我媽說，擔心我這幾年口味有變化，所以多準備了一些。世界再大，也大不過被我媽包進餃子裡的餡料。」

……

我回頭看看自己的老爸，他在廚房裡認真做菜的樣子，就好像那一刻世界再大，也大不過女兒想要的一盤番茄炒蛋。

可是身為女兒的我也不得不承認：那盤番茄炒蛋縱然讓我感動，卻成不了我的全世界。

當我奔赴在未知的茫茫路途，番茄炒蛋是最溫暖的底蘊，也是最容易被我忽略的角落。很多時候，一些夢想、一些愛情，甚至僅僅是他們的老去所帶來的代溝，都能讓我把這盤番茄炒蛋端到旁邊去，直至涼掉。

父母與子女這一生，前者總覺得自己有所虧欠，後者則一直在虧欠。

想起龍應台在《目送》裡，這樣描述她和兒子的關係：

「十六歲，他到美國作交換生一年。我送他到機場。告別時，照例擁抱，我的頭只能貼到他的胸口，好像抱住了長頸鹿的腳。他很明顯地在勉強忍受母親的深情。

他在長長的行列裡，等候護照檢驗；我就站在外面，用眼睛跟著他的背影一寸一寸往前挪。終於輪到他，在海關窗口停留片刻，然後拿回護照，閃入一扇門，倏忽不見。

我一直在等候，等候他消失前的回頭一瞥。但是他沒有，一次都沒有。……

我慢慢地、慢慢地瞭解到，所謂父女母子一場，只不過意味著，你和他的緣分就是今生今世不斷地在目送他的背影漸行漸遠。你站立在小路的這一端，看著他逐漸消失在小路轉彎的地方，而且，他用背影默默告訴你：不必追。」

父母與子女這一生，父母一直在試圖靠近子女，而子女卻一直在告別父母。

R告訴我：「從兒子三歲上幼稚園那一年起，他就已經開始遠離我們。屬於孩子和父母的最貼心時光，停留在他沒有新世界、只有媽媽的前三年，所以要珍惜。」

然後，我回憶自己的這三十年，縱然滿心愧疚，也不得不承認，事實的確如此：從生下我那一天起，我成了我媽的全世界，可從我直立行走的那一天起，我的世界註定越來越大，而父母越來越小，變成渺小的一個圓點。

而比這更讓人難過的是，漸漸地，他們認命，不再試圖靠近你。

目送兒女背影的龍應台同樣目送父親的背影，那背影卻是另一種情形：「火葬場的爐門前，棺木是一只巨大而沉重的抽屜，緩緩往前滑行。沒有想到可以站得那麼近，距離爐門也不過五公尺。雨絲被風吹斜，飄進長廊內。我掠開雨溼了前額的頭髮，深深、深深地凝望，希望記得這最後一次的目送。」

年輕的時候是不懂這一句「不必追」的，但現在終於明白：父母與子女這場關係中，最孤獨的永遠是父母。

「所謂父女母子一場，
只不過意味著，
你和他的緣分就是今生今世
不斷地在目送他的背影漸行漸遠。」

——龍應台《目送》

你可以選擇你的追求，
但別把價值觀
凌駕在他人之上。

最高級的教養，是不評價別人的人生

某一日，長途跋涉歸來，卸下一身疲憊，融進陽臺搖椅的舒適與日光的撫慰。忍不住感嘆一句：真舒服啊。轉過頭，看見老馮專注地看著《動物世界》（搞不懂男人的興趣點），陽光在他臉上折出好看的稜角。

心裡忽然覺得異常溫暖：生活，一直這樣安穩下去多好。

就這樣一卷書，一杯茶，一雙人，一生歡喜。

和朋友說起這些小確幸，她說：「多好，人為什麼要頂著滿身風雨一直走，停下來，也許陽光早已灑滿窗前。」

我笑了，旁邊另一閨密也跟著笑說：「可是現在太多毒雞湯，一味地灌輸不穩定觀，恨不得人人都死在大城市，也不要你們這種生活在小城市的安穩。」

是的。我看過太多論調，表示所謂的安穩是在浪費生命。不知道什麼時候，人們的認知變得非此即彼，極為偏頗，完全不能尊重和自己不一樣的生活方式。

但我仍然要說：「不穩定和穩定，死拼和甘於平凡，只是不同的生活方式，沒有哪一種應該有轟動的優越感。」

渴望穩定錯了嗎？

渴望在某個日子裡，一抬頭，發現自己正活在想像的歲月靜好中，錯了嗎？

渴望不用去到千里之外，而是留在父母身邊，忙時埋頭，閒時散步，過悠然日子，錯了嗎？

你擁有 Chanel 與 Dior，覺得很炫很自豪；我擁有一盒平價的彩妝盒，也真的覺得很滿足。

你漂泊在外，拍拍電影寫寫字，覺得文藝氣息等級高；我在自己的小宅辦公，兢兢業業、腳踏實地，也沒什麼好丟臉。

我們都在以自己的方式，努力地把生活推進下去。
為什麼，我就成了浪費生命？
為什麼，我就成了甘於平庸？
為什麼，我就成了懦弱逃避？
生活的方式千姿百態，每一樣都值得尊重，並非只有不穩定地去拚，才值得稱讚。
你可以選擇你的追求，真的不能把價值觀凌駕於他人之上。
如果我們都不穩定，拚命去過你們所謂的那種人生，先不說世界雷同如此，毫無趣味。
說真的，我們都去當英雄，誰坐在路邊給你鼓掌？我們都那麼優秀了，你還哪裡有優越感？
人最大的了不起，不是活得多麼富有，而是尊重別人和自己的不一樣。

小A和她男友青梅竹馬，從學生時代戀愛，一直到各自畢業。
畢業後，小A選擇回到小城市的家鄉工作，盡責做好每一天的工作。。
小A的男友則繼續考研究所，研究所畢業之後留在大城市工作。他對小A說：「我們不是同一類人，你喜歡穩定，我有更高的追求。你喜歡待在一個地方，我喜歡四處遊蕩。」

分手算什麼，更傷的還在後面。他瞧不上小A的安穩，逢人便吐槽：「我當初是有多眼光短淺，才看得上她那種不思進取、毫無靈魂的人。」

他把追求新鮮刺激的人生，定義為有理想的人生。把小A留在家鄉小城市恬淡自如的生活，定義為庸俗的人生。

還好小A跟這樣狹隘、自以為是的男人分手了，假如結婚也不過是給自己找麻煩。無非就是三觀（世界觀、人生觀、價值觀）不合，至於這樣嗎？把自己說得多了不起，把別人踩得毫無價值。

每個人都有自己喜歡的生活狀態，但你的喜歡並不能成為你的優越感。世有萬象，人有千面。

有些人一直很努力，一直在改變，一直在突破自己，一直在追求所謂的不穩定，這當然非常好。也有些人生來不喜歡競爭，不喜歡變化，安於在熟悉的地方，過上簡單自持的生活，為什麼就不可以？

前者與後者只有價值觀不同，沒有價值的不同，每一種都是在積極地參與生命，並非穩定了就是在浪費生命。

我身邊有很多朋友和同學，在畢業以後選擇進入體制內，他們戀愛、結婚、生孩子，過日子，和很多普通人一樣，在自己的朋友圈裡曬孩子、曬寵物、曬老公、曬美食、曬風景。

她們踏遍世界千山萬水，有一千零一夜也說不完的故事。

她們穩定地過著我想不透也無法實現的人生。

我自己在大學畢業後，全力以赴地要往大城市擠。不管過得如何艱辛，都從未退縮，我仍然不願意回到二線城市。當時的我也曾諷刺過老姐：「像你這樣當個公務人員有什麼意思，朝九晚五，一眼就能望盡未來的三十年。」

當然後來證明我很淺薄，公務人員的工作真的不是大家想像的那樣，每天無聊地看報聊天。

坦白說，家裡除了我，剩下的人都很穩定。他們未必理解我的漂泊感從何而生，我亦未必理解他們的安逸究竟有何意義。

但我記得一句話：「相較於做個英雄或女王，成為一個快樂的路人，更是一種勇氣。」

現在的我從來不會評價任何人的人生。

那些看起來很安穩的人生，也許他們曾經很努力，現在有資格停下來，看天上雲卷雲舒，又或者有人替他們嘗盡人間煙火，所以他們可以隨心所欲，選擇最舒適的狀態。也有可能他們就是喜歡這樣慢節奏的人生，錢少錢多，心無罣礙。

079

不要隨便評價別人的人生

人，活著是為了什麼？每個人都有自己的答案。

愛爾蘭文學家王爾德的經典語錄：「過自己想要的生活不是自私，要求別人按自己的意願生活才是。」

當你讀懂這句話就會明白：「最高級的教養，是不輕易評價別人的人生。」

當你不評價、不比較，你也會明白，人這輩子最重要的不是和自己作對，而是與自己和解。

我30歲，我想回家過年

別用你的
優越感，
傷害那些正在掙扎的人。

每逢過年前，一幫老同學都會在群組詢問各自回家過年的時間，規畫著聚個餐，敘敘舊。

一時間，群組裡消息閃個不停，唯有老同學B半天沒回應。大家紛紛@她，過了許久她終於回覆了一句：「我今年就不回家過年了。」

因為我跟她比較熟，忍不住問一句：「為什麼？」

結果既在我意料之外，卻也在情理之中。

她說：「我今年三十歲了，還沒有結婚。」

是的，因為沒結婚，不敢回家過年，寧可在大年三十的夜裡，忍受著孤獨，在萬家燈火中泡上一碗速食麵，也不要回家應對那種瘋狂被催婚的局面。

基本上，從二十五歲那一年開始，只要她回家，就會被家裡逼著去相親，一開始父母和親戚還會對相親對象的條件有要求，二十八歲以後，基本上只要性別是男，身體健康就夠了。

今年索性不回家，直接斷了別人的閒言碎語，杜絕帶著歧視的指指點點。

你以為這是特例嗎？我另一個三十歲還沒結婚的小學同學也說，她現在最怕的就是過年。

「親戚間見面，沒人祝我新年快樂，永遠都在問，找對象了沒？結婚了沒？還有很多人和我爸媽說，你女兒是不是有問題，所以才單身到現在。我不過就是沒結婚，怎麼就成了罪大惡極？」

是啊，誰能料得到，有朝一日，「沒結婚」竟然成了很多人不回家過年的理由。

大家永遠都在催他們完成和別人一樣的人生，卻沒有人真正關心為什麼沒結婚，老一輩的人永遠不懂「嫁給愛情」這樣的字眼。

我弟二十五歲還沒談戀愛，認認真真告訴我媽「我沒碰到心動的」，但我媽立刻回他：「心動能當飯吃嗎？」

所以，聊不下去。

在父母眼裡，結婚生子就是天然正確。

可是我們不一樣，真的不一樣。時代早已發生變化，現在的女人經濟獨立，那麼有一點精神上的追求，難道不是理所當然嗎？

越是過年這樣的日子，他們越難熬，究其原因，還是因為他們選擇一個不符合傳統的觀念、不符合大眾期待的人生。

我們生活的這個環境，又偏偏樂於接納共性，不太容得下個性，所以，但凡那些與大眾認知有偏差的人生，都註定是要負重行走的。

比如二十多歲，工作穩定，但不願意談戀愛；比如，三十歲不結婚，仍然期待愛情；比如結婚多年，始終沒有孩子……。

相信我，因為我也是其中之一的受害者，如果你回答「沒有」，接下來一定是各種沒完沒了的狗血猜測。

可是，有多少長輩想過，當你們一遍一遍地逼著我們結婚生孩子的時候，不也是在無視我們的尊嚴嗎？

誰不想高高興興結婚，嫁給喜歡的人，一輩子天荒地老？

誰不想和深愛的人生個可愛小寶寶，從此過著幸福的生活？

只不過還沒等到老天賜予這樣的好運氣，只不過各有各的生活、各有各的無奈罷了。

而那些結了婚尚未生孩子的人，他們也有自己的苦衷。同事Y結婚很多年，沒有生孩子，每一次過年的時候，親戚都會問她一句：「喂，你怎麼還不生小孩啊？也該生一個，要不然年紀越來越大，風險也更大。」

每一次她都笑著回答：「我想在事業上再拼幾年。」可是回家之後，她一個人窩在被子裡哭得不能自已，她不是不想要孩子，只是身體健康仍需調養。她說她非常不明白，為什麼總有人在不瞭解別人生活的時候，就熱衷於說服別人，過和他們一樣的人生？

也是因為這些朋友，我幾乎從不問別人：「為什麼不結婚？為什麼不生孩子？」因為我知道，有時候我們看似好心的關懷，會給別人的人生上一道枷鎖。

這世上每個人都有自己的無奈，你過得好，那是你幸運，但別一不小心就用你的優越感，傷害到那些正在掙扎的人。三十歲沒結婚的人，知道自己在做什麼，他們比任何旁觀者更關心自己的人生，只是有些話，不想說給旁人聽。

每一個被逼婚的人心中，都藏著一段往事，住著一個不將就的靈魂。我們要做的，不是硬生生揭開那道傷口，而是去理解、去尊重。

真正的關心，不是用自己的生活觀念去改變、綁架別人，而是理解他的過去，尊重他的現在，相信他的將來。

給每個尚未結婚的人一點空間，讓他們按照自己的方式去生活，別讓他們僅僅因為單身就失去了過年的資格。

這個春節，別再對你身邊的人逼婚，好好地說一句：「新年快樂。」祝願他們都能得到自己想要的。

我今年三十歲，未婚，
可是我真的很想回家過年。

真正的自信，不靠名牌撐場

你可以穿不起Chanel，
但永遠別忘了
那件叫「自我」的衣服。

認識一個女生R，對買名牌有極其瘋狂的執念。

R家裡條件並不是特別好，父母每天辛辛苦苦賺錢供她讀大學，她拿到生活費的第一件事就是去購物。一開始買平價品，靠著自己打工，尚且能夠應付。

後來，看到有些同班同學全身上下都是名牌，走到哪裡都能引來豔羨眼光，漸漸地欲求不滿，轉而開始瘋狂購買名牌。日常的生活費當然難以支付，於是開始花掉學費，再然後就用上現在比較普遍的借貸平臺。

提前消費，讓她比其他同齡女孩更先享受到燈紅酒綠的快意人生，Givenchy的口紅、Chanel的包包、CK的衣服，也讓她比其他女孩看起來更體面，她因此收穫了不少「朋友」。

買名牌所帶來的優越感，讓她極為享受，她迷戀那種眾星捧月的感覺，以至於無法自控。但不是自己的終歸要還，被花掉的學費以及借貸平臺上借來的錢，還是要想辦法填上。

沒辦法，只能先騙父母，用錢被偷、手機丟了等各種藉口，一次次向父母要錢。仍然不夠，她開始瘋狂結交男朋友，每交一個男朋友，便從他那裡要錢、要名牌。時間久了，她在學校的名聲越來越差，那些曾經因為她穿得好、用得好而對她百般簇擁的人，全都轉換態度，避之不及。

買名牌逐漸換不來她可憐的自尊。失望到極致，她反而看開了，發現所謂體面的東西，假意鋪陳是沒用的，買買買並不能真正提升自己的階層，相反的，那些虛假的美麗泡沫一旦破滅，會得到更強的反噬：更加被人看不起。

沒錢和裝有錢，前者只是一個客觀狀態，後者則是主觀行為，映射著你的人品、道德、信用等等。

其實，何止是這個女孩，我覺得對買名牌的執念，正在毀掉很多女性。

我們見過太多在物質面前輕易放棄靈魂的女孩。曾經和一個在大學當老師的朋友聊天，說起現在一些女大學生，為了幾件奢侈品就去裸貸（以裸照獲得貸款的不法行為）的事情，我們都感覺非常痛心。

她在這些年的任教生涯中，接觸過很多對奢侈品有執念的女學生，她說：「無一例外，她們追求的不是奢侈品的品質，而是『奢侈』這兩個字所代表的階層。遺憾的是，她們都誤以為，揹上了最貴的包包，就擠進了最貴的階層。」

她們都信奉這樣一種價值觀：我的包很貴，我的鞋很貴，我的皮膚很好，我的氣質很獨特。而這些都是有錢才能實現的。所以，我一看就很有錢。

這才是女孩們過度追求奢侈品背後的邏輯。

你以為女孩們買 Chanel、LV、Hermès，是真的是看中了這些品牌的品質？別扯了，坦白說，這些大品牌的款式和品質雖然好，但並沒有好到你想像中的地步，我揹過其中幾款包包，用個一年半載內襯照樣會破損，拉鍊也一樣會壞，單從品質來看，真的對不起那個昂貴的價格。

在我跟風買了一個大品牌包包，又揹壞了另一個大品牌包包之後，我和閨密吐槽：「其實，品質也沒有那麼好呢！」

她聽後，用匪夷所思的眼光打量了我半天，因為我是第一個這麼認真和她討論奢侈品質量的人。

你看，奢侈品的品質根本不是它最重要的價值，奢侈品最核心的價值，是它對購買者身分的認同。

奢侈品有一個共同的名字，叫「我有錢」，大家揹的不是包，而是錢。

說穿了，對於買名牌的執念，其實是對於社會認同和階層定位的執念。

商家們當然更懂這一點，他們狠狠抓住女性愛比較、要面子的心理。他們會對女孩說：「有些氣質只有錢能給你。」他們想盡一切辦法讓涉世未深的女孩們相信：所有美好的東西，背後都寫著一個「錢」字；他們還會鼓勵你：買名牌不會讓女孩變窮，相反的，對物質的需求可以提升你的階層。

正是這種極度渴望被認同的心理，正在一步步毀掉女性。

比起被物質化的二十歲，我更希望你們的二十幾歲是豐富的、是不被限制的、是不必在意別人的評價，也不必活在世俗的階層劃分裡，勇敢地去追求自我。

比買名牌更重要的，是你敢於突破定義，不困在別人的眼光裡。比奢侈品更重要的，是你自己的內在價值。

永遠別忘了經典奢侈品牌 Chanel 的創始人香奈兒女士的那一句話：「你可以穿不起 Chanel，但永遠別忘了那件叫『自我』的衣服。」

不要被物質生活毀掉自己原本美好的人生。奢侈品從來不是貧窮的對立面，它只是自卑的對立面。當你因為貧窮而執著於買名牌時，你就已經失去了這世上最貴的奢侈品——自我。

比買名牌更重要的，
是你敢於突破定義，
不困在別人的眼光裡。
比奢侈品更重要的，
是你自己的內在價值。

Chapte

3

自律

為了得到想要的，

必須先承受讓自己痛苦的事

嚴格的自律
不是為了取悅別人，
而是為了不讓自己難堪。

自律的女人，永遠不會被輕視

一直以來，大部分時間我的身材都是比較削瘦，最瘦的時候不足四十公斤，一張臉真正是巴掌臉。

但大學畢業後的三四年間，胖過一陣子，最胖時搭地鐵別人會讓座給我，放長假回家，總有親戚和朋友把我拉到一邊，偷偷問：「你是不是懷孕了？」但我始終不承認，認為自己不過是穿錯衣服，拍照選錯角度，反正，就是胖而不自知。

直到我最親密的朋友 Mandy 忍無可忍，對我直說：「你是不是該控制一下你的體重了？」

我不禁反駁：「就是衣服不顯瘦而已，我有很胖嗎？」

然後，她翻出幾張我大學時期的照片。

我定睛看了看，從前的瓜子臉已經變成圓圓臉。自己也嚇了一跳，但還是很不情願承認這個事實，仍然狡辯：「可能這一陣天天寫文章，熬夜熬得太多。哎呀，拼事業的時候，體重這種小事就不要太在意了。」

她攤了攤手說：「多少人都是栽在很隨意的不在意，你不知道嗎？事業根本不是藉口，你看看那些很成功的女性，真正胖的有幾個？」

當下，我覺得她太認真，心裡甚至瘋狂地抵制她：「就算我胖了，關你什麼事？」

但冷靜下來，就覺得她說的不無道理。用一句狠毒的話說：「一個女人控制不好自己的體重，還怎麼控制自己的人生？」（健康原因及喜歡胖的除外）

我這個朋友 Mandy 當然很瘦。

瘦不稀奇，關鍵是穩定，她的體重幾年以來都維持在一個數字，幾乎可用來檢驗體重機的準確與否。

也許你會說：「可能她就是那種吃不胖的體質。」

不，完全不是，她不是吃不胖，而是從我認識她起，對於吃，她就控制得很嚴格。作為一個標準吃貨，我常常對此百思不解，怎麼可以有人面對一桌子美食，卻依然保持小龍女一樣的「冷若冰霜」。她吃飯是真的只吃到七成飽，只要到了這個量，無論你怎麼引誘，都會失敗而歸。

這種近乎殘忍的自律，使她的高顏值始終維持在一個水準。我當然羨慕，但是回過頭想想她對自己的狠，又覺得這種美不是羨慕就可以得來的。

那天被她嫌棄完之後，我很不服氣，搜腸刮肚地回想那些讓我仰慕的成功女性，終於也不得不承認，這些人當中，絕大部分對體重都控制地很好。那些看起來很仙、很瘦的女明星，沒有不是依靠強大的自律控制著自己的人生。

當然，我絕不贊同大家像明星那樣控制體重，因為沒有什麼比健康的生活方式更重要。我只是希望大家在看到她們漂亮外表和好身材的同時，也能看到隱藏在其中的意義，和她們對自我的超高要求。

不管我們承不承認，大部分明星的確是需要靠顏值撐事業，那麼維護好顏值，就是打好自己手中的牌。

沒有任何一種成功是純粹的幸運。

為了得到想要的，
必須先承受讓自己痛苦的事

香奈兒女士曾說過：「女人只有學會自律，才有資格得到屬於自己的一切。」香奈兒一生都對自己不滿意，常常坐在鏡子前觀察自己，質問自己。她的交際圈很廣，卻常常忽視應酬，把更多時間用來創造時尚。她自己也說，對於自己選擇的路有時也會感到厭煩，但想要活出自己喜歡的樣子，卻不得不如此。她一生都堅信：為了得到自己想要的，必先承受讓自己痛苦的事情。這就是所謂的自律。

人都有慣性懶惰和拖延症，自律並不是一件容易的事情，如果沒有強大的精神支柱支撐著，自律這條路常常會轟然坍塌。

就拿控制體重這件事來說，因為還沒有胖到不能忍受，也沒有更大的欲望支撐，我當年的減肥計畫實施得一點都不順暢。常常看到好吃的東西就管不住嘴，結果廢掉一個月的努力。

我另外一個好朋友Cindy，就憑藉強大的毅力，成功變身瘦子，擠進美貌那道「窄門」。我向她取經，她回了我一句相當狠的話：「人不虐己，天誅地滅。」

她曾經非常胖，也因為胖而遭盡嫌棄。她二十八歲前一直沒談過戀愛，瘦身以前，每一次去相親，男人看了看她的身材，然後眼神就從萬分期待變成萬分失望，吃飯時的聊天內容通常是這樣的：「哦」、「呵呵」、「還好」、「可能吧」、「不知道」。哪怕再天真、再愚鈍，她也能捕捉到他們所傳達的訊息：對她毫無興趣。

比男人對女人的羞辱更可怕的是，女人對女人的為難。

她不只一次聽到有些女人刻薄她：「哎，你這麼胖，不好找對象吧？我跟你講，像你這種條件的真的不能太挑啊，差不多就可以了。」

她說：「你看，就是因為胖，我連基本的尊重都得不到。」

於是她開始減肥。

飲食節制、長期跑步、堅持健身，然後變成了現在這個樣子。當然，沒有試過的人不會知道其中的艱辛。

她後來常常對人感嘆：「如果你不虐自己，就會輪到別人來虐你。」

我把這句話改了一下，我認為：如果你不控制你的人生，那麼就會有人來控制你的人生。

你不努力賺錢，總有一天，你會因為沒錢而寸步難行，反受其辱。

你不認真對待工作，同樣的，你可能會因為能力欠缺，反過來被工作所困。

你不控制容貌和身材，很顯然，你也會被容貌所吞噬。

嚴格的自律不是為了取悅別人，而是為了不讓自己難堪。那些在自律中堅決前行的女人，或許都有那麼一點慘烈的「自虐」氣息，但她們永遠不會淪落到被別人輕視的境地。

香奈兒說：「女人，應該看起來是優雅的，聞起來是香的，摸起來是滑的。六十歲時走在街上還有人向你吹口哨，那時，你可以抬起優雅的玉手告訴他，我是你奶奶。」

自律下的自虐，贏得的是漂亮的人生。

與其羨慕明星們的美貌和身材，不如好好研究一下，那些支撐她們美貌的到底是什麼？

明白這一點，才有資格說一句：「我沒什麼厲害的，就是比你們瘦。」

捨不得用的，就是買不起

當你可以隨時拿起，
亦可以隨時放下，
它才是真正屬於你的。

前一陣子接到活動邀請，要飛越外國到某品牌的生產基地實地參觀，主辦方發來行程說明，特地告知除了自己以外，還可以再帶一個人。

由於整個行程中還有大量工作需要完成，我決定帶助理L去。

L得知消息特別興奮，問我這次活動邀請的名單。我看了一下團隊發過來的人員明細，告訴她，除了我們，大概還有其他幾個自媒體的創立者會去。其中有一位恰好是她非常欣賞的女神，所以她特別緊張。

那個下午，她向我請了半天假，要去逛商場，購買此次出行的行頭，她不想在女神面前丟人現眼，想成為和女神一樣又美又有錢的時尚女性。

她看中一款 Burberry 的風衣，但是打折後也要四萬多，讓她很猶豫。雖然手裡的錢足夠，但她還是覺得一下子花一大筆錢很心疼。

她用眼神向我詢問：到底該不該買？

我說：「那好，我們來想一下，這件衣服買回去之後你打算怎麼穿？首先，有沒有比較相稱的包包和鞋子好搭配？其次，你會不會把它當作日常衣服一樣狠狠地穿？」

她聽到我說平常穿，立馬跳腳：「拜託，這麼貴的衣服，我平常怎麼可能捨得穿？」

我說：「那你還是別買了，因為你用不起。」

這絕對不是挑釁她，而是關於「買得起卻用不起」，我有過相當狼狽的體驗。

就在前幾年，年少氣盛愛慕虛榮的我，還買過一個對我來說相當貴的 LV 包包。當年在櫥窗裡看到，我亦曾霸氣地指著它，心裡發狠地說一句：早晚有一天，你是屬於我的。後來我存了幾個月的錢，衝到商場裡，把它據為己有。買下的那一瞬間，我覺得特別爽，甚至想像從今往後要怎樣揹著它踏遍萬丈紅塵，一路揚眉吐氣。

然而，當天晚上我就後悔了。

我躺在床上輾轉反側，一遍遍問自己：「為什麼要買這麼貴的包？」「我是不是太衝動了？」「如果省下這筆錢，是不是可以少加一點班？」

糾結的情緒反覆將近一個月，我一直在想，如果沒買下那個包包，那麼這筆錢可以買更多更實用的東西。

真的，我煩死了。

而且，我想像中揹著它引來一眾豔羨眼光的情景根本沒有出現，因為我捨不得揹。我把它裡三層外三層地仔細包好，放在儲物櫃裡。

我的好朋友美亞姐說「LV皮糙肉厚，最適合遮風擋雨」，我更是毫無勇氣。風雨交加的惡劣天氣裡，那個我花了重金購買的包包，要靠自己用四十多公斤的嬌小身軀為它搭起一片晴空。所以，天氣不好時我從來不敢揹它。

這一款包包，兩年間用過的次數也就五六次。我終於不得不承認，那些我捨不得用的東西，其實就是買不起。

用得起，買得起的標準是什麼？

是你無須咬牙切齒、費盡心思去和它較量，也不必踮腳張望，靠它揚眉吐氣。它不承載你物質匱乏時的虛榮心，而是切切實實地成為你生活裡的尋常物。你的衣服、你的鞋子、你身上的香水味、你周遭的一切，都和它自成體系，組成你人生中的小確幸。

是你可以舉重若輕，更可以雲淡風輕。

當你可以隨時拿起，亦可以隨時放下，它才是真正屬於你的。

那個當年的我面對 LV，以及現在的助理面對 Burberry，都是狠心拿得起，踩個腳卻放不下，那麼這件東西其實就不是屬於我們的。

可是年少時，誰又能完完全全避免對於物質的熱情呢？

沒辦法，也許美和買就是女人的天性吧，女人為美而買，又因買而美，兩者相輔相成，巧妙融合，寫就了女人的一生。

但我仍然希望，決定用購買慾滿足自己的那一刻，問問自己，塵歸塵、土歸土之後，是否會有空虛感襲來。

永遠不要為了那一點空虛，就真的讓自己虛榮起來。

一個美貌的人
能教你的，
絕不只有美貌這件事。

年過三十，就沒有什麼天生麗質

二十歲的時候，對好看是沒有什麼概念的。自覺容貌清麗，無須妝點太過亦光彩照人。及至如今，一不小心到三十歲，發現好看這件事真不是老天說了算，而是自己說了算。

那天和閨密逛商場，看到一位出眾的美女，身材高䠷、五官精緻，膚質細膩、膚色白皙，整個人散發清冽的氣質。看得出來並非天生美麗，但後天經營得當。

我站在那裡看呆了，一向自信爆棚的我，忽而之間竟覺自卑。

我低了低頭，打量自己。畢業五年，胖了七、八公斤，從前一張瓜子臉，硬生生被自己吃成小圓臉，曾經吹彈可破最引以為傲的皮膚，現在日漸暗沉。

那一整天我都很沮喪。閨密說，不就是一個長得好看點的女人，至於這樣嗎？

不過就是長得好看而已？

No！千萬不要小瞧一個長得好看的女人，尤其是你明知她並非青春年少，但仍然美得奪目。

因為我美過也醜過，胖過也瘦過，所以非常明白那些長得好看的女人，她們從身材到那張臉，從飲食到健身，都藏著一種極為可貴的品質——自律，都顯現著她們對自我的高度珍愛以及高標準、高要求。

長得美並不是一件難事，但日日與歲月廝守，美了很多年，足以見一個女人的認真和堅持。

我身邊有個朋友，自我認識她起已經十年。這些年不管她工作有無升遷，嫁人生子是否如意，我都未有半分羨慕。唯一令我豔羨的，乃是這十年來，除了懷孕那段時間，其餘時候她的體重始終保持在四十八到五十公斤之間。她的身高足有一百六十九公分，這樣的身材，基本上和女明星們維持同一個水準。

去年她懷孕，我們很少見面，一直到今年年初，孩子滿三個月，我們幾個閨密相約吃飯，結果她一出現就把我們嚇到了。

原本還準備吐槽她：「哈哈，看吧，一個向來不超過五十公斤的女人，如今剛生完孩子可得認輸了，終於也有我們揚眉吐氣的時候了。」

我們這幾個特別要好的朋友，相處模式就是這樣的：比美，比有錢，比野心。但放心，攻擊歸攻擊，絕對不暗中互相批評，所以才能做了這麼多年的朋友，也才能一路扶攜，彼此越變越好。

結果是，那個我以為身材會走樣到慘不忍睹的閨密，生完孩子沒多久後就已經恢復原來的身材。

我們集體挫敗，忍不住感慨：為什麼老天這麼不公平，有些人輕而易舉就擁有了好身材。

她聽到「輕而易舉」四個字怒了，反問我們：

「你們不會以為，一個女人到了三十二歲，維持美貌靠的還是老天爺賞飯吃吧。我天天泡在健身房裡，覺得生無可戀時，你們怎麼不說輕而易舉？我練產後瑜伽，被私人教練折磨得欲哭無淚時，你們怎麼不說輕而易舉？老實告訴你們，好女不過五十公斤，憑的不是天賦，而是和自己作對。」

後來，我跟著她去體驗她的一天，終於承認，美貌這件事根本不是小事，而是大本事。光是吃飯吃到七成飽，看到好吃的食物，死命忍著這件事，對我來說都已算千辛萬苦，更別提還要克制食量，日復一日地堅持跑步、游泳以及其他健身項目。

有時候，看到她連追劇都在做棒式支撐，我才發現，三十歲以後真的沒有天生麗質這件事，好身材裡浸泡的全是汗水，美貌背後全是好習慣的堅持。

一個女人，管得住自己的嘴，邁得開自己的腿，她還有什麼不能做、不敢做的？

曾經有個同事問我：「你發現了沒？不管是我們平常生活中，還是娛樂圈或社會名人，但凡那些想控制自己身材便能控制住的人，多半做什麼事情都能成功。」

當然，那是因為這份努力維持的美貌背後，藏著一個人的自律、忍耐、堅持、克制，以及高要求，而這些素質不管用來做什麼事，都足以令人如虎添翼。

千萬不要小看一個美貌的女人。因為你永遠不知道這份美之後，藏著多少令人嘆為觀止的嚴於律己。

比如舒淇，四十多歲一直保持著少女的身材，但你可知她堅持飯後站半個小時，一站就是很多年嗎？就是這樣的女人，四十多歲還可以俘虜男神，風情背後藏著我們不易察覺的狠勁和拼勁。

林依晨，三十多歲仍然滿滿的少女感。但你可知這麼多年來她始終堅持早睡早起，在熬夜已成習慣的當下，有幾個人能做到晚上九點就乖乖睡覺呢？她的少女顏質背後，藏著一個女人強大的自律。

難怪時尚女魔頭香奈兒女士也要說：「一個女人只有自律，才能拿回屬於自己的一切。」

還有更高級的一種美貌：腹有詩書氣自華。有些女性五官明明並不出眾，但往人群中一站，卻氣度立現。

我以為，氣質女人的祕密無他，就是靈魂深處對美的野心。不僅僅是外表美，更有認知美，如果你知道所謂的氣質背後她讀了多少書、見識過多少世界、經歷了多少人生，你就會發現，美貌從來只屬於肯認真對待自己的人。

現在每當有人問我，怎樣才能成為一個更好的女性時，我都會這麼告訴她：先從管理好你的美貌開始。

你不必美成哪種標準，更不是讓你去整容，而是力爭把自己本身經營到最好。

你不必非要和誰比，但你要和自己比，每天都看到一個更好的自己，朝氣蓬勃的、奮力向上的、讓人不能小看的。

也唯有這點經營美貌的能力，會將你送往一個更寬廣的境界，你會在那些因美貌而養成的良好習慣裡，發現自己原來可以走得更遠。

不僅不要小看一個美貌的女子，而且一定要和她們做朋友，因為她能教給你的，絕不是美貌這麼簡單。

即使有時光機，我才捨不得變年輕

閱歷是比年紀更重要的事，
寫滿故事的心，
比懵懂天真的外表更性感。

和很久沒見的表妹見面，聊起女人的二十歲和三十歲的分水嶺。她笑著問我：「看到皺紋漸漸爬上臉部，是否覺得惶恐？是否想有個時光機，穿越到自己的二十歲？」

表妹今年二十歲，而我邁進三十歲大關。

///

為了得到想要的，

必須先承受讓自己痛苦的事

這好像是所有二十歲女孩對三十歲女性的誤解，以為我們怕老、怕變醜、怕膠原蛋白的流失，也會跟著帶走一個女人的信心和底氣。

二十歲時的我何嘗不是這樣想的？

我們都想當然地以為，所有超過三十歲的女性，心中最好的年齡是那個無所畏懼、自覺一切光鮮亮麗的二十歲。

在一場實境秀節目裡，年輕的陳喬恩和江一燕們，輕飄飄地問劉嘉玲：「最喜歡自己的哪個年齡階段？」大部分的人都以為劉嘉玲的答案是：年輕的時候。

劉嘉玲卻說，她最喜歡現在的自己。因為現在的工作、人生狀態以及和世界的關係都很舒適，讓她充滿信心，不像年輕的時候，一無所有且彷徨無助，她非常不喜歡那種感覺。

然後趙雅芝和莫文蔚會心一笑。

那是三個熟女的相互致意，你沒有年輕過不會懂，你沒被歲月折磨過也不會懂。但那一點頭之間，她們已經彼此交換了人生，不必多言，那些二十歲時犯過的錯和三十歲扳回的贏面，只在剎那間塵埃落定。

二十歲有二十歲的美妙，但三十歲有三十歲的篤定。

二十歲你靠膠原蛋白行走世界，三十歲我靠一顆金剛心抵禦人生無常。這世間最珍貴、最堅不可摧的從來不是膠原蛋白，而是那顆靈魂。地心引力能帶走的只有年輕的肌膚，但帶不走豐富的閱歷。

即使給我一個時光機，我也不願意回到自己的二十歲。

二十歲時的我是什麼模樣？

困囿於情情愛愛，男性一個鄙夷的眼光打量過來，都自覺無地可容，於是亦步亦趨活成了別人期待的樣子，在周遭的流言蜚語中，丟失最寶貴的自我。

計較於無足輕重的得失，隨隨便便一點挫折，便讓我失魂落魄，以為自己已經觸到人生的天花板，然後惶惶不可終日。

不瀟灑、不自信、沒自我，那是你們所謂的很漂亮的二十歲。

而三十歲以上的女性，有的是夢想的一步步實現，以及更大的自由和野心。或許眼角細紋開始蔓延，但是歲月為你添上這些印記，教會你堅持，賦予你魄力，是為了讓你的人生更加氣象萬千。即使有挫折，我們會以最快的速度、最優雅的姿態站起來，忙著升職，忙著用賺來的錢環遊世界。

時間是殘忍的獵人，但同時也是最偉大的雕塑者。它獵走了天賦的外貌，卻重塑了靈魂的靈氣，而這些靈氣最終又會自內而外反哺著你的容貌，讓你換一種美去拼打。

我特別喜歡女星寧靜說過的一段話：「人的成長是最不容易的。很多人以前問，如果給你機會讓你回到二十歲怎麼樣，可是我不要。我好不容易才長這麼老，我才有這麼一顆不那麼容易摧毀的心。我怎麼捨得？我不捨得變年輕，除非帶著現在的記憶回到年輕，那可以。」

閱歷是比年紀更重要的事，寫滿故事的心，比懵懂天真的外表更性感。不妨珍惜所有的經歷，把它們變成一種閱歷；感謝你遇見的所有人，把他們編成一支靈魂戰隊。從此以後，那些好的壞的，都會跟著你南征北戰。

一個人唯有經歷過歲月洗禮，才能活得像一支隊伍，這是大人的氣場。

你說我三十歲太老沒人愛，我還覺得你二十歲連朋友圈看起來都幼稚可笑呢。所以當我欣賞你們二十歲的年輕奔放，你們能不能也別小瞧一個三十歲的女人。

當你卸下物質枷鎖，
你會明白，
最貴不過靈魂，
最美不過人生。

幾萬塊的名牌包，無法讓你揚眉吐氣

「我的臉是會呼吸的錢幣，Givenchy 的小羊皮唇膏，植村秀的眉筆，以及 Chanel 的香水，更不用提各種限量款包包，隨隨便便出個門，彷彿都能聽到錢幣嘩啦嘩啦響的聲音。」有位網紅直播主在她的版面寫下這樣的文字。

很多女孩在網頁下排隊洗版留言，說女人必須活成這種精緻的模樣，才越會有高富帥追求，你全身大品牌，他好意思帶你到肯德基和路邊攤嗎？但你要是全身便宜貨，人家帶你到高級餐廳，你都沒臉往裡頭進。

其實，我喜歡女孩子打扮，收拾得美美的，誰看了心情都好。我也不反對女孩子買名牌，花自己的賺來的錢，開心就好。我討厭的是，一心只想做個會呼吸的錢幣，靠所謂的「名貴」，讓別人為她的人生買單，還自以為是地將同類劃分三六九等，這樣的女孩我覺得蠻沒品，和所謂的高級感一點關係也沒有。

揹著 LV 可以去吃路邊攤麻辣燙，穿著幾百塊的帆布鞋照樣敢去三星級米其林，懂得卸下物質光環，不靠大品牌和金錢撐底氣的女孩，才算真的活出了自我。

誰不曾站在櫥窗前，為了幾條高級訂製裙而眼光迷惑過？少女時期的我，也曾久久駐留在 YSL 口紅面前，想像嘴上塗一抹紅色，就能像女明星般光采亮麗。那時候我也會對自己說：總有一天，我也要活得很高貴時尚，把我喜歡的東西統統帶回家。那個總有一天，我給自己的期待值是三十歲。

如今，過了三十歲，卻突然打碎了以前很多想法。

昨天和朋友去逛街，路過 Calvin Klein、GUCCI 以及很多輕奢品牌店。她突然笑了，說：「還記得嗎？大學時我們也曾這樣逛街，一路從大拍賣的便宜小店，走過平價品牌店，然後不知不覺逛進大品牌雲集的商場。我們傻傻地站在那裡，整個人完全沒底氣，望而生畏，但又不自覺被那些名牌所吸引。如今，一樣的情景，但心情完全坦然。」

我也笑了，問她：「是不是覺得自己有底氣，能把這些東西帶回家了？」

她淡淡地說：「是有底氣了，但所謂底氣不是因為自己買得起，而是忽然之間覺得，買不買無所謂。衣服再貴又如何？口紅是限量版的又怎樣，重要的是，我早已不是當年那個被物質光環牽著鼻子走的小女孩。你看，我今天還不是隨隨便便穿個休閒服，就趾高氣揚陪你逛街，這就是氣場。氣場不是比貴的，氣場是穿著毫不起眼的衣服，也有十足信心自己完全不輸陣。」

而我也和她有同樣的心路歷程。

以前不願意素顏去約會，總是要細心打扮，才有信心坐在對面，任人打量。現在無所謂，頂著一張完全素顏的臉，也能談笑風生，因為我知道，對方真正在意的，不是我臉上推砌的妝容，而是我這個人本身。

穿得再貴，一開口就出賣了無趣的靈魂，哪怕十個愛馬仕，也不能讓對方從內心深處高看你一眼。

我們好像總是容易對旁人有誤解，認為世人大多只看皮囊，所以一路把昂貴的東西往外表上修飾。但真正昂貴的唯有靈魂，靈魂才是我們在茫茫人海裡的臉譜，美好與美好終將因靈魂的吸引而相遇。

王爾德曾說：「好看的臉很多，有趣的靈魂太少。」可不是，一個人所在乎的，通常就是他的價值觀體現。若只在乎把一張臉活成會呼吸的錢幣，只能說明你的價值觀就是物質的，那麼你所遇到的人，也必然是物質化的，因為你的價值觀決定了你得不到其他的美。

那些豐富而坦蕩的靈魂，那些自由而灑脫的人性，從你身旁路過，你也不懂去珍惜，直到有一天你被物質所傷，回過頭才會發現，你錯過的才是最貴的。

幾千塊錢的襯衫、幾萬塊錢的包包，並不能真的讓我揚眉吐氣，但我說過的話、做過的事，卻會被人一直記得。

總有一天，當你卸下物質枷鎖，你會明白，最貴不過靈魂，最美不過人生。活出自我，用豐富的內心去感受朝來暮去、人來人往，那才是最真實最有趣的。

你說你的臉是會呼吸的錢幣，抱歉，我並不稀罕。

畢竟，我的靈魂是行走的提款機，它能為我買下一張又一張的票，從當下走到未來，拾掇起眼前的苟且，送我到想去的地方。

Chapter

4

勇氣

敢於撕掉標籤的人，

都活得很精彩

愛我所愛，
但對他人保持尊重和善意，
這是我所認為的體面。

最奢侈的人生，不過一句「我喜歡」

最近我的朋友圈裡掀起了一輪關於離鄉北漂的話題。那些對於大城市的憧憬，那些關於人生的夢想，都時時被人拿來咀嚼。我聽到最多的聲音是：「跪也要跪在大城市，永遠不要回到鄉下生活。」

一個從小一起長大，如今在大城市打拼了七年的朋友，也在某個深夜被電視劇裡的某個情節戳中，給我發來短訊：「這裡讓我流了很多淚，但我仍然熱愛這個城市，只有在這裡，我才覺得生命是鮮活而刺激的。」

我也問了身邊很多這種熱愛大城市的人，吸引他們的到底是什麼？

一個三十歲沒有結婚的朋友說：「在大城市是自由的，三十多歲不結婚根本不是什麼事，永遠不會有人給你貼標籤。」

另一個事業上很有成就的朋友說：「在這裡你能看到非常多優秀的人，他們打開你人生的新格局，讓你觸目所及是更遠、更開闊的世界。」

我認同。

我也在北京工作、生活過一段時間，見識過這個城市的開闊、包容，那種前所未有的生機勃勃每天都在撞擊著你，讓你不斷往前。

但如今，我沒有生活在大城市裡，選擇回到一個二線城市，不是一種逃避，而是一種主動選擇。北京縱然有鮮車怒馬，但二線城市有更煙火的生活。

選擇前者或者選擇後者，並無高低貴賤之分。這世上有大夢想，自然就會有小日子。

遺憾的是：在以金錢論是非的今天，越來越多的人開始看不上小日子，以及那些守著小日子的人。

賺得不如同齡人多，是在被時代拋棄；沒有留在大城市工作，是在被時代拋棄；沒有野心，渴慕穩定，是在被時代拋棄。我覺得很多人對二線城市的誤解有點深。

我一個普通學校畢業的人，在二線城市工作了四、五年，每一份工作的薪資都不錯，也沒有任何一個工作是靠人情關係謀得的，和當年在北京一樣，別人網路上招聘，我經過N輪面試進入公司。

晉升、獎金，全憑個人能力。二線城市的企業也是要賺錢的，不是做慈善的，真的沒那麼多資本去兼顧人情。

至於被貼標籤、被逼婚、被催生，我想說，除了你媽以及和你有關係的親戚以外，其他人真的沒那麼閒，你結不結婚和人家有什麼關係呢？

不論你選擇城市或鄉村工作，也是踏實勤懇在謀生活。

他們之選擇在小城市，有自己的理由。

一畝田，兩甕菜，三餐一宿，虛度時光是甲之砒霜，又怎知不是乙之蜜糖？

春來秋至，一家人圍爐閒話不是你的理想，但未必不是別人嚮往的生活。

這世上的價值觀和生活方式，從來都是多種多樣的。也正是因為每個人的不同，這世界才變得豐富而有趣。

一個人能選擇自己嚮往的那一種，並且認真地生活下去，就是值得尊重的。林語堂的小說《京華煙雲》裡，出身優越的姚木蘭在經歷種種後，最終離開繁華城市，選擇歸隱田園，過布裙荊釵、粗茶淡飯的生活。很多人不理解，包括她的丈夫曾蓀亞、妹妹姚莫愁，也有很多聲音指責，這樣一個大家閨秀去過如此生活，不夠體面。

但林語堂以「世間奇女子，若為女兒身，必做木蘭」來評價姚木蘭，後來林語堂的女兒林如斯也說，姚木蘭是林語堂的理想女子。

早幾年，我看《京華煙雲》總是不懂木蘭奇在何處，她的很多想法用現在的標準來看，甚至是過時的。

但讀了很多遍也經歷很多事情後，我才懂姚木蘭好在哪裡。她永遠沒有自以為是的優越感，始終有自己的判斷，並且將這種判斷按照自己的意願推進下去，但她絕不會看低那些和她不一樣的人。

愛我所愛，但對他人保持尊重和善意，這是我認為的體面。

而那些自己生活在都市，就瞧不起生活在鄉村的人，我覺得他們還是沒有真正理解和融入大都市裡的生活。

廣闊、包容、自由、公平，是一個繁榮都市最大的魅力，最應該教會我們的就是尊重和放下偏見。

尊重別人和自己的不一樣，尊重每個人的選擇，不要以自己的價值觀去打量別人的人生。

選擇在哪裡生活不是最重要的，重要的是你喜歡就好。

一個人能選擇自己嚮往的生活，
並且認真地為之付出，
就是值得尊重的。

美的力量遠超過想像，
它讓你看到
越來越好的自己。

如果你不美，就會一直累下去

我是一個很自信、臭美的人。
任誰見了我，大概都是這個印象。

不管前一天經歷怎樣的絕望，踏踏實實睡一覺，第二天，抹上口紅、套上裙子，仍然要笑得比誰都甜蜜，任你從哪個角度看，都瞧不出一點沮喪來。

朋友曾說：「你累不累啊，想哭就哭出來。」

累嗎？才不！想哭嗎？並沒有。早過了那種動不動就委屈給人看的年齡了。

對於現在的我而言，把自己的憔悴展示給別人看，遠比漂亮臭美拽上天更累一百倍。

不信，你試試。某一天把自己搞得妝髮全亂，形容枯槁，看看你能遇到什麼？除了一堆亂七八糟的問題，還有聊勝於無的安慰。

你不經意露出來的一點苦色，被一傳十、十傳百地渲染得不著邊際。終於有一天，在別人眼裡，你不知不覺成了怨婦，如果再不幸一點，你會引來一群習慣怨懟的人。

然後你的生活會變成什麼樣子？

和A抱怨老闆差勁，同事沒品。

和B抱怨婆婆神經，老公偏心，婆婆的態度都是老公允許的。

和老公抱怨，他媽有病，他不上進。

……

如果一睜眼就要過這種生活，我會覺得人生無望，快要累死。

所以，美很累嗎？恰恰相反，其實扮醜才累。把自己搞得慘兮兮，誰見了都對你嘆氣一聲，心累啊。何不穿霓裳、披羽衣、烈焰紅脣，賺全天下回頭一顧，多爽！

我有一個小群組，裡面是一些非常聊得來的朋友。

有一次我們聊天，大家叫嚷著分享最近的照片。群組裡一時熱鬧不已，然後一張張好看的臉被送了進來。不是容貌多妖嬈，而是每一個都精緻清爽，盡顯愉悅之色，不帶汙垢之氣。

真是賞心悅目。

你當我們過得有多好？非也非也。

這一個家中之人老病相催，穿梭在裹挾著消毒水、藥劑味的醫院裡，偏偏整個人靈活敏捷。那一個背著一眼望不到頭的房貸，擠在挪個腳都費勁的地鐵裡，照樣有本事丹蔻紅脣，萬種風情。還有一個身陷糾葛，婆婆孩子瑣事纏身，還不是神采飛揚，光采照人。

我們笑問：「知道為什麼我們能玩在一起嗎？」

異口同聲曰：「因為我們美。」

在我們這裡，美是天，是地，是神的旨意，除了愛美，沒有真理。所有煩惱憂愁、骯髒齷齪，都在這一張好看的臉下黯然失色，煙消雲散。

談什麼苦、抱什麼怨，勞駕，別擋了姐姐曬「美」照。

可知，曬的不是美，是響噹噹的好生活。

不然咧。

愁眉苦臉給誰看，當心，你那掛在眉梢眼角的愁，真把所有的苦招來。美人氣場撲面而來，好生活結結實實自成體系。

別矯情了。成年女子誰不是幾多風雨催，悲苦各自嚥。一睜眼，孩子、房子一堆事。怕什麼，高跟鞋一踩，馬甲線一亮，保證統統都被你嚇跑，回敬你一句「女王」。

你真的得相信，美、醜兩件事都有莫名的傳播力和影響力。吸引力法則早說了，你是美的，你所招引來的事物也是美的；你醜，你的世界也是醜的。

臭味相投，物以類聚，你以為古人是說著玩？

千萬別小看情緒對萬物的影響。

知名作家張德芬在《遇見未知的自己》一書裡說：美國人普遍認為，星期一和星期五出產的車子不能買。

為什麼？

因為那兩天大家普遍工作情緒較差，生產出來的車子品質最差。工人的壞情緒，導致了車子的「醜」。

日本曾經做過一個米飯實驗。在一所日本小學的教室中，放了三碗米飯。每天孩子們上學時，微笑著對第一碗米飯說：「我愛你，你好好吃哦。」對第二碗米飯完全無視；對第三碗米飯則厭惡鄙視地說：「你醜死了，沒人要理你。」

一個月後，不可思議的現象發生了。

第一碗米飯變成黃色，發出淡淡的香味，第二碗和第三碗米飯則都變黑發臭。

你看，在你不知道的地方，世界正以美醜消長的邏輯運行著。一個人不管是美的還是醜的，對周遭事物都會帶來影響。越美則越美，越醜則越醜。

你把好情緒傳遞給生活，它美了，會回饋更多的美給你。

那些一直美下去的人，最後都把亂七八糟的生活梳理平順了。

還有什麼是美不能征服的嗎？如果有，請再美一倍吧！

最新的綜藝節目裡，劉嘉玲奔跑在三百多公尺高的澳門塔上，一根繩子吊著身體，按照指定要求完成自拍。她懼高，對她來說這是多可怕的事，可是一拿起相機，對著鏡頭，她立馬換上笑容。

旁邊的人說：「多愛美，這時候還擺pose。」

但她就是美了這麼多年。最難熬、最艱辛的時刻，都不曾摧折這一顆愛美的心。現在的她，人前一站，美人氣度誰不羨慕。

她變得越來越好。什麼歲月、皺紋，都不是問題。

美的力量遠超乎想像，它讓你看到越來越好的自己，舒展、自如、吸納地心引力，連歲月都不再凌遲，而是跟你相對應。進而，你看到越來越好的世界，蓬勃的、生機的，不是給誰陪襯，是為了豐盛自己。

真的，如果你不美，就會一直累下去。來，跟我一起畫眉毛、描眼線、塗口紅，記得嘴角上揚，拎著你的包包撩美去。

友人說：「我做過最傻的事情，是把醜給不相關的人看。」

相信我，當你是好看的，連上帝都願意親吻你。

真正的美容祕訣，是擁有愛的能力

你可以有一段糟糕的愛情，
但不能放縱自己
過一個爛透的人生。

張愛玲說：「愛上一個人，就會變得很低很低，低到塵埃裡，也能開出一朵花。」

真的，一個被愛的女子，那份從心底深處彌漫出來的氣息，幾乎是讓人沉醉的。好的愛情會帶來好心情，讓一個女子心生期待，從此與世界溫暖相擁，她因為放下芥蒂，所以也卸下了戾氣。

如果你留意便會發現，很多女子都是在享受愛情時最美。

愛不愛，女人的臉是會說話的答案。

想當年我和老公戀愛時，一個多年沒見的老同學，見我第一面就說：「你和以前不一樣。是不是談戀愛了？」

我問她怎麼不一樣了。

她說：「說不清楚，五官沒變，但眼神還有笑起來的樣子，都讓人看起來『春心蕩漾』。」

後來我們一度鬧分手，為了掩飾失意，我把各種精華液、粉底都用在臉上，仍然被人看出那揮之不去的失戀慘澹。我的臉上寫著對男人的失望、對愛情的絕望，甚至對人生的無所期待。

沒錯，我失去了對生活的信仰，一度迷失自己。

當然，時間和新歡總會幫我度過艱難時光，從那一段糟糕的歲月裡走出來後，我就開始明白，愛，對一個女人來說有多重要。

注意了，我說的是愛，而不是男人。

愛並不是指你在戀愛中，而是哪怕此刻你無人愛，也仍然相信愛情、熱愛生活，有重新去愛的勇氣。

你可以有一段糟糕的愛情，但不要放縱自己過一個爛透的人生。這就是我所謂愛的能力。

我常對自己說，要永遠有顆少女心，那少女心態裡，不能缺乏的便是對愛的勇氣。

當一個女子不再願意相信愛的時候，也是她不願保有天真之際，她的少女氣息從此也就 say goodbye 了。此後，再多的玻尿酸，也無法拯救一顆不斷下墜的心。不要總是感慨過去，那是老年人才愛做的事，如果你還年輕，還相信自己年輕，就應該從過去的無奈和失望中抽離，轉而期待翻過一頁的美好。

一個始終相信愛情、熱愛生活的女子，永遠不會走到絕境，因為得失成敗，她都是自己的主宰。

她永遠有勇氣重新來過，那份不被打倒的氣度，讓她在歲月洗練中，仍然元氣爆棚。

女人真正的美容祕訣，不是玻尿酸，也不是膠原蛋白，而是存留一點驕傲，保有幾分天真，以及任何時候都不斷增強的勇氣。

是敢於愛我所愛，不管單身、失戀還是離婚，依然相信愛情，相信自己能夠幸福的氣場。

這是唯一歲月拿不走，別人偷不走的東西。

不管世界如何變換，留一點愛的能力，你念念不忘的必有迴響。讓你壯膽又滋潤的那一劑美容針，其實就是你自己。

但願每個女孩都練就一劑強心美容針，在退無可退、無力支撐的時候，憑此天地立換，風雨無懼。

聰明的女人，總能做出恰到好處的選擇

別打壞一手好牌，
關鍵在於把婚姻裡的成長
看得比男人更重要。

如果有人跟你說，想結婚就別那麼挑，差不多就行了，我勸你離這個人遠一點。為什麼不好好選擇呢？在我看來婚姻就是女人的二次投胎，不同的婚姻會讓女人開始不同的人生走向，最終變成不同的模樣。

我在年輕時就明白，選擇一個人，就是選擇一種人生，對愛情和婚姻向來理智，很少任性。

當然不是生來如此，而是我那已婚的姑姑，用她的半輩子讓我比別人更早明白這個道理。

我的姑姑是那種下個小雪便感慨「紅泥小火爐，綠蟻新醅酒」，熱熱鬧鬧擺酒布菜的文藝女青年，而姑丈則是那種別人用「落霞與孤鶩齊飛」來形容落日飛鳥，他卻在邊上大喊：「臥槽，好大的鳥啊。」

大概在我讀小學時，姑姑哭著跑到我家說要離婚，她摘下裹得厚厚的圍巾，下巴處一大片傷痕，是姑丈打的。姑姑說這已經不是第一次了，她真的無法忍受這樣的生活，兩個人根本無法溝通，誰都不能理解對方，常常吵著吵著，姑丈就動起手來。

事情鬧到盡人皆知，兩個人自然離了婚，好在當時還沒有孩子。

離婚之後的小姑姑完全變了個人，之前那種彌漫在她身上的，我以為每個文藝女青年都自帶的憂鬱感，全一掃而光。她變得開朗許多，笑容也多了起來，沒事就去別的地方旅行，有時候也會順便帶上我。

她和新的姑丈就是在旅行中認識的，婚後生活甜美幸福。

他會陪著她到處旅行，因為那是兩個人共同的愛好，他不會指責姑姑浪費錢。

當姑姑看見春花秋月忍不住賣弄文藝情懷，他會和她一起在初雪的日子裡，買上一瓶好酒，燒上一桌好菜，喊上最好的朋友，把酒言歡。

每次過年相聚，爸媽看到姑姑的容光煥發都會打趣：「這女人嫁得好不好，還真是看一眼就知道啊。」

姑姑兩段婚姻的雲泥之別、幸與不幸，充斥了我的整個青春期，以至於我無數次問她：「嫁給不一樣的人，人生真的就會如此懸殊嗎？」

她給我的回答是：「等你長大了就會明白，婚姻裡，選擇有時候比愛情更重要。一輩子太長了，兩個人日日相處，對方的生活方式怎麼可能對你毫無影響。你選擇了一個積極向上的人，一生都會是向上的；一旦你嫁給了一個暴戾、頹廢的人，就很難再瀟灑起來，姑姑就是最好的例子。」

也許對待愛情，我們可以感性、任性，但對待婚姻，唯有理性、認真，才能收穫一個安穩的歸宿。

婚姻從來不是一個人的事，而是兩個人正面相迎、共同捧接出的人生。大多時候你遇見的那個人，直接鎖定你的命運。

通常來說，你怎樣，你便會遇到怎樣的人。但也有些人，老天發了一手好牌，她卻輸得一敗塗地，究其原因，不過是選錯了一張牌。

究竟怎樣出牌，贏面才會更大？

其中的關鍵在於，要把婚姻裡的成長看得比男人更重要。

判斷一個男人值不值得嫁，不只是看他對你好不好，也不僅僅看愛得深不深，而要看你們在一起的時候，你是什麼模樣。

是變得更快樂、更自信、更完整，越來越好？還是更悲哀、更怯懦、更殘缺、日漸糟糕？

愛爾蘭詩人羅伊・克里夫特的那首〈愛〉，這麼多年來始終是我心中最好的愛情觀。

我愛你，
不光因為你的樣子，
還因為，
和你在一起時，
我的樣子。

我愛你，
不光因為你為我而做的事，
還因為，

為了你，
我能做成的事。

我愛你，
因為你能喚出，
我最真的那部分。
我愛你，
因為你穿越我心靈的曠野，
……
我心裡最美麗的地方，
被你的光芒照得通亮，
……

好的愛情，能讓你抵達更遠；而糟糕的婚姻，會毀掉你原有的樣子。婚姻是女人可以選擇的二次投胎，也是女人的好學校，我希望每個人都用心來回答這個貫穿一生的考題。

判斷一個男人值不值得嫁，
不只是看他對你好不好，
而要看你們在一起的時候，
你是什麼模樣。

敢撕掉標籤的女人，都活得很精彩

當你不斷更新自己，
擺脫別人給你的期待，
才能找到自己的價值。

最近看到一部由 SK-II 和《國家地理》雜誌合拍的大片，邀請來自不同國家的四位女明星，去探索地球上自然環境最為惡劣的四個地方。

片中，冰天雪地藏匿起生命的痕跡，零下三十度的極致低溫，讓人不得不斂去所有表情。

但一度不敢笑的四個女孩，最終完成了極限挑戰，在凜冽風霜中，笑靨如花。

殘酷的環境終究敗給溫暖的心境，冷暖交織的那種美，誠然驚心動魄。

你有試過，在最想流淚的時候勇敢去笑嗎？你有想過，直視人生荒野，仍然艱難跋涉嗎？

面對人生起起伏伏，我們總是習慣說不，但其實，你能抵達的地方，遠比你所想中更遠。

在我人生最無望的時候，在我每一次想輕易放棄自己的時候，我都會先緩一下，然後去看亦舒的小說，還有海蒂・拉瑪的人生故事。

然後，我從腳趾尖到頭髮，都像是重新活過般。從此，在四面碰壁的困境中，推開了一扇窗——原來女人是可以這麼活的，原來女人的人生不必千篇一律，甚至可以超乎想像。

香港作家亦舒是什麼樣的女子？

十幾歲在文壇出道，和她的哥哥倪匡以及知名的武俠作者金庸，並稱香港最著名三大作家。

一生經歷三段婚姻，前兩次皆以悲劇結束。

十八歲為愛生子，受盡世人冷眼，自以為為愛不顧一切，到頭來草草離婚收場。

連她的侄子倪震亦這樣感慨：凡事都必須付出代價，姑姑多年來都有陰影。第二次仍然愛得如痴如醉，到頭來卻是傷了自己，也傷了別人。

亦舒一生的感情路，實在算不上順遂。但不管老天賜予她何種命運，她對文字的鍾愛從未被磨滅，哪怕最為愛傷神之際，她仍奮筆疾書，不肯在自己的事業上懈怠一分一毫。

她非常熱衷於工作，在她的觀念裡，工作才是她安身立命的本事，男人並不可靠。

她在文字中最常提及的一句話是：都市女子哪有資格傷春悲秋，前晚哭得再慘，天一亮，照樣上個妝，當作什麼事也沒發生，開開心心上班去。

亦舒所代表的乃是整整一個世紀的新女性：獨立、自愛，有自己喜歡並能做得好的工作，不在任何一個男人面前卑躬屈膝。

她的作品影響很多女性，因此被稱為「師太」。比如我，就是在遇到亦舒之後，才發現原來女人未必非要依傍男人而活，一個女人的人生，完全可以不依靠男人，也可以比很多男人更出色。

海蒂・拉瑪的人生也很酷。和亦舒所提倡的獨立不一樣，海蒂・拉瑪的一生顯然是更高級的玩法。她的人生從不設限，足以讓人相信，勇敢的靈魂可以橫跨南北兩極。

她是一個家境優渥的白富美，爸爸是銀行家，媽媽是鋼琴家，按照常理應該成為名媛一類。但她偏偏跑去當女明星，而且是歷史上第一個靠拍全裸戲出道的好萊塢明星。

按照常人的思路，她再往前走，也不過是成長為一個更頂尖的女明星。可是她偏偏再次挑戰大家的認知，跑去從事男孩更擅長的通信工程，而且一不小心就發明了展頻技術，也就是現在被廣泛應用的Wi-Fi技術，因而成為美國著名發明家。

她的一生彷彿永遠在撕掉標籤：你以為她是個白富美的時候，她做了演員；你以為做個演員就夠了，她卻跑去當發明家。

會跳舞、會彈琴、情商高、智商高、有文藝天分、數理化也格外好，生命短短數十年，她能活出了千軍萬馬的人生。

她永遠在突破，在挑戰自我，她用極其燦爛的一生告訴你：人不只於此，女人亦不只於女人。很多時候，你多往前走一步，就看到山河湖海、漫天星斗。

對於一個女人來說，最重要的不是男人、不是家庭，而是自我的提升。比起與男人的撕扯，每一天我都想看見一個不一樣的自己，那會讓我從井底跳出來，看到一個新大陸。

這些年來我始終熱衷極限運動：考過潛水證、跳過高空彈跳、騎著自行車橫穿半個中國，新的夢想是可以學會海上衝浪。是因為極限運動好玩嗎？不，而是我享受那種戰勝恐懼、突破自我的感覺。

只有當你敢於不斷更新自己，才能擺脫別人給你的期待，找到真正的自己，那是比嫁入豪門爽一百倍的事。

我總是在最害怕的那一刻最勇敢，也總是在豁出去的那一刻才明白：女人，最輸不起的從來不是男人，而是視野和心境、勇氣和底氣。

面對人生起起伏伏，
我們總是習慣說不，
其實，你能抵達的地方，
遠比你所想中更遠

往前闖，碰到的，除了男人還有別的

你心心念念的
不只是男人，
往前走，遇到的也不只是男人。

孫儷所主演的電視劇《那年花開月正圓》，這部我曾超級期待也拍手叫過好的電視劇，最終還是走上了一條「大女主」（指女性角色在故事中成長，實現自我的戲）外衣、「瑪麗蘇」（指過度理想化的劇情，女主角一定能以自身魅力改變周遭的人）為主軸的不歸路。

有讀者問我說：「劇中深愛周瑩的五個男人，如果是你，你會選誰？」

一個女首富的一生，最終給人留下印象的，竟然仍然只是男人。恍惚間又想起張愛玲在《紅玫瑰與白玫瑰》中，借佟振保之口嘲諷的那一句：「往前闖，你碰到的無非是男人。」

此際，嬌蕊淡淡回應：「年紀輕、長得好看的時候，大約無論到社會上做什麼事，碰到的總是男人。可是到後來，除了男人之外總還有別的。」

當下，王嬌蕊被這句話一照，照出一個女性靈魂的豐富，揚眉女子才有底氣說出這一句：「女人，不只是有男人。」

可是，時光這麼一晃，過去半個多世紀，到了如今的電視劇裡，女性反倒退步了，完全沒有獨立風姿，心心念念、來來回回仍不過是男女之事。

拋開周瑩秦商女首富的身分，整部電視劇的節奏真的極其言情風格。丈夫吳聘死之前的劇情還蠻好，沈、吳兩家之間的商業競爭、朝廷的暗中插手以及吳家東院開辦經商學堂，都非常有時代特色，而且嗅得出人情世故，彷彿晚清的市井民俗緩緩鋪陳在眼前。

於是我們都好奇：一個女人在這樣的時代裡，憑什麼贏得矚目？我相信你想看到的一定不只是男人。

周瑩的一生，原本可以給我們一個答案。

尤其是吳聘之死，是整個電視劇的轉捩點，我相信亦是真實歷史中周瑩的命運轉捩點。

當一個女人的依附被命運無情剝奪，面對喪夫失子之痛，她該如何撐起多舛人生？又該如何抵禦那綿綿無絕期的孤寂？

通常而言，命運之手將女人推至流離紛亂的塵世，她有兩種選擇：

一、就此落敗，歸心低首，甘為庸婦。

二、心有猛獸，逆流而上，博一個揚眉吐氣。

周瑩的選擇必然是第二種，所以她才成為故事裡的傳奇女性，那些曾經傷過她但打不死她的經歷，最終也不過成為壘砌傳奇的基石。

從電視劇的選擇表面來看，也是第二種，這齣戲的的確確也可以稱為「大女主戲」。

然而，遺憾的是，那些真實發生在周瑩逆襲之路上的狠厲與殘忍，在電視劇裡被一筆帶過。就連最應該被體現出來的，女主角在商戰中的殺伐決斷、開闊格局，也總是被輕描淡寫。

囤棉布、開辦機器織布局這種劇情，剛有點商戰味，女主角剛開始立 boss 人物設定，編劇一個急轉彎，又拐到男男女女的事情上。

然後整個故事真的就完全落入了「全世界男人都愛我，而他們的女人都恨我」這樣的俗套裡。

劇情的推進靠的是：女人在使壞，男人在解救。

其他女性角色幾乎全是用來反襯女主角的。大家閨秀胡詠梅，原本德才兼備，只不過因為愛慕吳聘，遇見周瑩後整個人就完全變了，活著的目的就是為了看周瑩死；原本待周瑩情深義重如姐妹的吳漪，因為一個男人趙白石，就修養、體面全不要了，轉而以最卑鄙的手段迫害周瑩；至於吳家三嬸、沈府老太太那也全是來添亂的。

唯一讓人感慨女性之間也可以互幫互助的，大概就是小丫鬟春杏，但也是以依附者的姿態出現，並沒有在周瑩的進階之路上發揮多大作用。

至此，我們看到的是女性群體的集體淪陷。

周瑩被塑造成一個站在男性群體中的女性，她的每一次成功、每一次脫離困境，都無法擺脫男人的影子。她人生的每個轉折，都站著一個送她到遠方的男人。而且他們站在周瑩身邊，並不是因為男女之間平等的較量，也不是利益權勢的博弈，而是一個極其夢幻的理由：愛情。

真的怨不得觀眾吐槽，試想，我本來想看一個「神奇女俠」的故事，卻看了一個「霸道總裁愛上我，然後我得到全世界」的故事。這並不是在鼓勵女性獨立，而是在鼓勵女性靠撩漢換取現實利益。

如果所謂「大女主戲」是這樣的打法，那和所有的宮鬥劇又有什麼區別？翻雲覆雨的命運背後，主宰一切的仍然是男人，女人們心心念念算計的仍然是男人。

真正的傳奇女人應該是怎樣的？

她一定要比那些男人更努力，也比他們做得更好，甚至，她是工於心計、有城府的，但保有底線。她在別人看不到的時光裡，默默吞嚥下數不盡的酸楚，用一個籌碼去換另一個籌碼，在得到與失去間循環往復。

吟風弄月、男歡女愛，不是她的進階基石，而是絆腳石。

她的人生攤開來看，必然是一片血淋淋中謀得那一點榮光。但她仍然迎頭前往，這份孤勇和狠心，以及對女性命運的諒解，才是她泥沙俱下的人生裡，最難得的支撐點。

以女性的堅韌聰慧，抵抗男權社會的霸權，這才是所謂的獨立女性。當下社會裡，混成商業巨頭的女性，靠的可不是各行首富都愛我。

什麼是大女人呢？就是你終於發現，你心心念念的不只是男人，往前走，遇到的也不只是男人。

總還有點別的，也許是和另一個女人結成的深厚友誼，也許是男人都未曾抵達的新世界。

比起「男人都愛我，女人都恨我」的庸俗劇情，我更希望看的是「男人都怕我，女人都愛我」的新格局。

女性的獨立往往是從內部開始。什麼時候當我們看到女性之間不再互相撕扯，而是彼此諒解、守望相助，那才是電視劇大女主時代的到來。

女性格局真正的開闊，不是囿於男女情愛鬥爭，把兩個女人設置為對立面，而是最後我們都明白：女人是同路人，要彼此攜手抵抗命運的無常，解開傳統賦予我們的枷鎖。

是敢於相信：男人不是唯一的選項，得失成敗有更高級的意義。

如果所有的「獨立」都是為了遇見更好的男人，那「愛情」也許就真成了張愛玲筆下那一句：「根本在你看來，那不過是長期賣淫。」

愛對人，就是了不起的才華

愛對人這件事，
從來拼的不是運氣，
而是視野和格局。

愛對人，就是一種了不起的才華。

我的閨密L小姐，十多年來一直過著那種令人羨慕的生活：和自己老公大學時相戀，一路彼此扶持，而後結婚生子，自始至終感情都很好，兩個人又勤勤懇懇，經濟條件蒸蒸日上。

要愛有愛，要錢有錢。

於是，常常有人這樣評價她的婚姻：不就是運氣好，愛對了人嗎？特別是年輕的時候，我看到那些在婚姻中被成全的女子，也會有這樣的感慨：為什麼她可以有這樣的好運氣？

然後對照自身際遇，難免怨天尤人，把自己遇到渣男、受到的傷害，簡單粗暴地歸結為：運氣不好。

這是我們對愛情的誤解，一直到現在仍有很多人停留在這個誤會裡，她們把愛對人這件事當成老天格外開恩，上輩子拯救了銀河系。但其實，當我們從愛錯人的糟糕境遇裡掙扎出來，遇見自己的白馬王子，你就會承認：愛對人這件事，從來拼的不是運氣，而是視野和格局。

你能愛對人，本身就是一種了不起的才華。

首先，勇氣要有。

很多女孩都碰過不合適的感情，我從前的一個同事，在剛剛二十歲的時候，遇到現在的男朋友，然後天雷勾動地火，愛得一發不可收拾。

然而，心動時的轟轟烈烈，陡然跌落至瑣碎生活後，兩個人的矛盾越來越多。她嫌他好吃懶做、不思進取；他怨她不夠溫柔體貼、總是咄咄逼人。事情發展到最後，他開始酗酒，有一次他在酒後打了她。

她失望至極，向我訴苦。

我說：「糾纏了這麼多年，你早該分手了。」

她卻遲遲做不了決定。原因是已經和他在一起太多年，一來捨不得，二來如果分手，這些年的付出就全被辜負了。

一直到我離開那間公司，她仍然沒有勇氣和過去告別。縱然她心知肚明，這段關係給她帶來無窮無盡不快樂的記憶。

她仍然捨不得。

但那些愛對了人的女孩會怎麼做？

她會狠心甩掉這段令她瀟灑不起來的糾纏，和過去徹底一刀兩斷，然後斬釘截鐵地奔赴一個全新的世界。

若不信，請細數你身邊的朋友，看看那些生活得很美好的女子，是不是都有一顆勇敢的心。這份勇氣不單單是敢於和過去告別，更不會輕易被傷害摧毀，仍然有力量從廢墟中站起來，去重建新的愛情，只是下一次她會有經驗，懂得什麼樣的人才真正適合自己。

一直愛錯人的女孩，會怨懟老天待自己薄情；而最終愛對了人的女孩，會把當年的是是非非當成經歷，以此開闊視野，從此明心見性，不再輕易走到岔路。

其次，愛對了人的女孩夠理性，非常明白自己要的是什麼。

知乎上有一個問題是：「為什麼越長大越難愛上一個人？」得到按讚最多的答案是：「因為越來越知道自己究竟愛什麼人，也越來越能分辨清楚什麼是愛。」

那些總是遇到渣男的女孩，都有一個共同點，就是弄不清情勢。一來，不懂自己對渣男到底是不是愛；二來，看不清渣男十分拙劣的套路。

這說明兩個問題，代表妳既不瞭解自己，也不瞭解對方，所以關於愛情的價值觀，通常是別人說什麼就信什麼。這種女孩特別容易被渣男的花言巧語欺騙，最終愛得遍體鱗傷。

但有一些女孩知道自己手裡有多少籌碼，也知道這些籌碼能換回什麼，所以她們認真經營好自己，然後拿自己手裡的牌，去賭勝算最大的那一局。

她們知道自己的性格比美貌更有優勢，所以會自動遠離那些以貌取人的男性。

她們看重婚姻穩定勝過愛情，所以會自動篩選更利於婚姻穩定的選項，比如三觀相合、想法門當戶對等等。

她們做不了相夫教子、任勞任怨的那一種女性，於是會選擇更懂得包容和尊重的伴侶。

千萬不要以為只有職場需要理性，愛情也同樣需要。奮不顧身地愛，當然看起來很夢幻，但相信我，如果你想愛對人並擁有所謂的歲月靜好，這件事的勝算就是：請對愛情保持足夠理性。

也許會因此而被人說太世故吧，那又何妨，誰苦誰知道。

我自己從來就不是那種活得虛無縹緲的人，當年和老公老馮在一起，除了愛他，很重要的原因是相處了一段時間後，理性地看到了兩個人三觀相似、性格足夠互補。那些年輕時別人嗤之以鼻的，關於家庭環境、生活習慣、父母人品的考量，原諒我現實，我都認真思考過。

好處就是：當年的理性，換來了如今浪漫的婚姻生活。

那些很多人結婚後才日漸顯現的，關於三觀相悖、興趣相逆的問題，在我和老馮這裡都因為婚前的多點理性而避免。

所以，我們才不會互相怨懟，以致終成怨偶。

感情和職場有時候異曲同工，只要你有心提升能力又足夠努力，完全可以避過一個又一個坑。原諒我說一句很傷人的話：你總遇到渣男，說到底要麼是你心甘情願，要麼是你情商太低。

年輕時，我們不會把愛上一個值得愛的人當回事。那時候覺得生命在於折騰，愛情在於轟轟烈烈，一切更像青春偶像劇裡那一句：「愛對了，是愛情；愛錯了，是青春。」

但終有一天，當你累了倦了，才會幡然醒悟：那些愛對了人的背後，藏著一個女子怎樣的取捨，而取捨從來和運氣無關，只和能力有關。

她要比別人更清醒，才能在愛情中拿回那麼一點經驗值；她要繞過所有花團錦簇的表相，用足夠強大的靈魂接受愛情裡的自私，諒解男女人性中的那一點涼薄，才能學會理性地對待婚姻、感性地享受愛情；她要比別人更勇敢，才能在受傷後狠心砍斷那一點痴念，用更俐落的姿態重新接納世界。

愛對了人，是了不起的才華，藏著一個女性的堅韌、勇氣、果決，所以她才能體面地來、體面地走。

Chapter

5

感情

你有價值，

你的愛才有價值

你有價值，你的愛才有價值

真正懂愛的人，
不會讓自己越來越廉價。

「愛情是個勢利鬼，你有價值，你的愛才有價值。」

以前自然不懂這個道理，只覺得成年人的世界很複雜。自認為愛情是最純粹的，兩顆心的悸動和門當戶對沒有關係，同時深信童話，灰姑娘一定可以和王子廝守終生。

這般可笑的觀念，臉當然早被現實給打腫了。童話裡都是騙人的，灰姑娘遇得到王子，因為她本身就是女神，只不過一時鳩占鵲巢、位分顛倒而已。

有位讀者對我說：「為什麼我愛他低到塵埃裡，他卻什麼都看不到？」

愛人愛到塵埃裡，很驕傲嗎？屁咧。沒有誰值得你委身塵埃，因為人的欲望不是低頭找自卑，而是抬頭找希望。

幾年前，Momo 迷戀一個男人，大學時代的學長，人帥氣、成績好、談吐風趣，是學校的風雲人物，其實不只她，圍繞在他身邊的女孩實在太多。

Momo 相形之下較為普通，長相是清秀，成績不壞，但也不頂尖，人群中多一個不多，少一個不少。

唯獨太過死心眼，用了大學整整四年時間，和自己喜歡的這個男人耗，每天為他買早餐；他說一她不敢說二；在他面前永遠只有 yes，沒有 no。

他開心的時候，根本想不起她，難過或者沒錢了，就會想起她的迷戀。在我們看來，Momo 連備胎都算不上，充其量是個千斤頂，非得他崩壞到無計可施，才輪得到她露個臉。

太愛一個不愛自己的人，會犯賤，但沒辦法，她心甘情願。

她常對我們說：「我愛他愛得如此深切，總有一天他會看到我。」當然，你懂愛到沒有靈魂的女孩說的話，但你最好別信，因為通常沒什麼智商可言。

一直到大學畢業，Momo 也沒有搞定她的男神。她曾鼓起勇氣問他：「為什麼不是我？」那男孩說：「因為從始至終，我根本不瞭解你是怎樣的一個人。除了對我好，我對你一無所知，我憑什麼喜歡你？」

雖然我覺得那男孩挺渣的，但我得說，他說的都是實話。

是啊，你愛得那麼卑微，他憑什麼喜歡你？你匍匐在地上，完全沒有展現自我的機會，他怎麼去愛你？你愛得低到塵埃裡，是要讓他跪到地上去找你嗎？

這也要看別人願意不願意，趴在地上去愛一個同樣趴在地上的人。

Momo 徹底醒悟。她一直以為自己在尋找愛情，到頭來發現，其實自己根本沒有給別人任何愛的機會。

自己是可愛的，還是優雅的？是聰慧的，還是堅強的？No！No！No！別人從你身上找不到一個愛你的理由，你讓他愛什麼啊！

別再為愛匍匐於地，畢竟人類進化那麼多年，為的都是直立行走。人有人樣，卑微給誰看？

學會愛人，不如先學會修煉自己。

Momo 明白過來後，開始用心對待自己。畢業後一心撲在工作，不出幾年，她也算小有所成。一次出差偶然見到曾經男神，看到他坐在她面前，她愕然：怎麼搞的，他什麼時候長出這樣大的肚腩？又什麼時候一張臉黯淡無神？當年我愛得六神無主的男神，怎麼會是這個樣子？

對方也一愣，笑著說：「沒想到你現在看起來如此精敏幹練，人也變得漂亮了。」

Momo用了四年，期待他有那麼一點好感，他卻正眼瞧她都覺困難。如今，只不過用心做回自己，她的美好，他竟然一眼看到。

別為一個男人放棄所有自尊，你失去自己的那一刻，什麼也得不到。真正懂愛的人，都懂得不斷提升自己，而不是讓自己越來越低。

親愛的，別再問：「為什麼我愛他低到塵埃裡，他卻什麼都看不到？」就是因為你太低、太渺小，才看不到啊，沒人閒得慌，會時時刻刻帶著顯微鏡，到塵埃裡找真愛。

你只需要活得豐盛、熱烈，給他一個看到你的機會。愛到塵埃裡，根本就開不出花，而只會零落成泥，被人狠狠踩過。

所謂的「有錢」，是指自己有錢

麵包，我自給自足；
愛情，我隨心所欲，
簡直太好了！

從前，看亦舒的小說《喜寶》。女主角姜喜寶與母親談起留學時結交的男友，一腔鬱鬱寡歡，說男友並非理想標準。

母親於是說：「沒有人勉強你與他在一起。」

姜喜寶則答：「怎麼沒有？我的經濟環境勉強著我跟他在一起，這還不夠？」

其後，姜喜寶的命運始終沒有擺脫金錢桎梏，從最開始花男人的小錢，到最後一步一步淪為被包養。喜寶最初的夢想是讀完劍橋大學，最後卻放棄讀書，認為讀書也了無意義。

終此一生，她在世俗的定義中有了這樣一個稱呼：拜金女。

連她自己亦自嘲：「假如有人來問姜喜寶，女人應該爭取什麼？我會答：『讓我們爭取金錢，然後我才告訴你們，女人應當爭取什麼。』」

因為沒有錢，她人生的所有意義全部終結，和張愛玲筆下的曹七巧一樣，淪為金錢的奴隸。

那時候我就想：我們是不是一定要有錢？年齡越大，答案幾乎越肯定。

但所謂的有錢要加個主語——自己。不是擁有別人的錢，而是自己本身有賺錢的本事。為什麼？

因為只有本身足夠有錢，才不會被金錢誘惑，才會在面對命運無常之際，少一些身不由己的無奈選擇。

所以，後來我也開始變得越來越努力賺錢，不是靠出賣自己的青春，也不必犧牲色相，而是靠牢自己一雙手，用生活磨練出來的經驗和能力、用讀過的書、學到的本領，伸手和老天交換一份屬於自己的，不必依靠任何人的命運。

我喜歡這樣的自我擔待，喜歡坦蕩蕩不必對誰交代，不必從天亮等到天黑，掛一張笑臉在男人身上，換人家一點打賞。

當你得事事看人臉色，讓你滾，你無處可去；讓你笑，你不敢不笑，活得如此卑微可憐，算什麼巾幗不讓鬚眉。

姜喜寶說：「當情人也無所謂，受他一人之氣，總比受全世界的氣要強。」狗屁。要知道，獨立很累，不獨立更累。一個女人，一旦從別人手裡乞討命運，就註定一生一世都爭不了一口氣。

我不喜歡姜喜寶那樣的人生。外表看起來再光鮮亮麗，也要被人說：「你看那個女人，只懂貪別人的錢。」

時間漸久，發現自己除了錢一無所有，不再相信愛，不再信任誰，看誰都像是為了她的錢而來，因為自己當初就是這麼過來的。

女孩子貪什麼別人的錢，慕什麼浮世虛榮，好好打磨自己，把自己變成獨一無二的奢侈品才是正事。

只有當自己賺夠了錢，在面對像充滿誘惑的命運時，才不用糾結於愛情和麵包哪個更重要。麵包，我自給自足；愛情，我隨心所欲。這感覺簡直太好！

金錢的意義從來不是為了滿足虛榮心，而是增加我們的選擇性，給予我們更多靈魂的自由。你可以去過有趣的生活，而不必困於金錢，事事皆哀，因此能獲得更多經歷，擁有更寬闊的視野。

有一個朋友最近天天向我哭訴，說她自從找了個有錢的男朋友後，天天被人罵拜金女。身旁的人甚至連她男友都認為，她貪的是錢，而不是愛情。

可是朋友說：「我真的只是因為喜歡這個人。」

沒用，社會就是這麼現實。女人一定要自己爭氣，讓自己的經濟獨立、財務自由，想嫁有錢的，就嫁有錢的，誰也不敢看不起你。

賺那麼多錢幹什麼？就是在緊要關頭，可以憑本事維持一點自尊：人家不愛我們，我們站起來就走，不作無謂糾纏。

愛怎麼樣就怎麼樣，反正每秒鐘都能把自己養得很好，多麼爽快，這才是一個女人愛錢的正確方式，嫁個有錢人什麼的弱爆了。

知名作家李碧華曾說：「人一窮，連最細緻的感情都粗糙。愛到最高點，你也要自立。自己不立，誰來立你？」

一個女人保持了獨立的本事，也就留下靈魂的自由，保留愛的細緻。

當你真正獨立了就會明白：錢是世間最易得的東西，而所有美好則是免費的。你的靈魂那麼貴，誰也買不起。

千萬別拿最精緻的感情去換最粗糙的金錢，更不要犧牲自由、罔顧尊嚴，丟掉一生美好。錢要自己賺，靈魂要自己養，女人一定要自己有錢。

所謂的門當戶對，
是你的努力
要配得上她的拼命。

別找一個給不起愛情，還來分麵包的人

英國小說家珍・奧斯汀的小說《艾瑪》裡，哈麗葉問艾瑪：「你如此天生麗質，為何不結婚？」

艾瑪說：「告訴你吧，我根本沒有結婚的想法。我衣食無憂、生活充實，既然愛情未到，又何必改變現在的狀態？不用替我擔心，哈麗葉，因為我會成為一個富有的老姑娘，只有窮困潦倒的老姑娘，才會成為大家的笑柄。」

簡直為之傾倒，女人又霸氣又自信，根本無須靠男人證明自己的價值，她選擇結婚的理由只有一個：我喜歡。

這在當時是一種很超前的想法，但放在二十一世紀的當下，越來越多女孩走上和艾瑪一樣的路：低品質的婚姻不如高品質的單身。

越來越多女孩不願結婚。哦，千萬別以為她們不相信愛情，只是她們有本錢活得很自由，對待愛情和婚姻就會有更高的要求。

我有個朋友說：「我一個人過得蠻好，也有麵包，憑什麼找一個給不起我愛情，還想來分我麵包的人。」

她單身很多年，如今三十多歲，有房、有車仍然不想結婚，她覺得無所謂，但是爸媽很著急。於是安排她見了一個又一個相親對象。

其中有一個和她算是老同學，又是親戚介紹的，她不想怠慢，兩人約見面的那天，她鄭重其事地化了妝，穿了得體的衣服，揹上包包到對方訂好的餐廳。

吃飯過程還算順利，因為是老同學，很多年沒見，彼此聊聊中學時代的事，時間過得很快。

吃完飯後，兩個人各付各結了帳，說有空再約。

沒過幾天，朋友接到親戚的電話。

那個親戚對她說：「多好一個男生，家世也不錯，你怎麼不好好把握機會？你為什麼要點很貴的菜，還穿名牌的衣服，讓人家以為你是個不懂持家的女孩？」

朋友聽得一頭霧水。

後來才知道，當親戚問起相親結果時，那男生說：「我覺得她太愛慕虛榮，又是化妝，又是一身名牌，點菜只挑貴的點，完全不懂勤儉持家，這樣的女孩根本不適合結婚。」

朋友聽親戚這麼一說，反而釋懷了，幸好沒成功，不然太糟糕了。

她化妝是出於禮貌，衣服是自己習慣穿的牌子，包包只是隨手拿了一個和衣服比較搭的，至於點菜，她點的也是合自己口味的，只不過她沒按照他想像中那樣，一切都按最便宜的來。

她只是按照自己的標準去生活，但是落入別人眼中便成了敗家。

可是，她花自己的錢買喜歡的衣服，吃喜歡的美食，沒毛病吧。

我認為不是女孩太敗家，是她過的生活自己給得起，而你給不起。那又何必怨懟別人愛慕虛榮，而不反思自己胸懷欠佳、實力欠缺。

像朋友和這個相親對象，說穿了，其實就是消費水準和消費觀都不在同個層次上，好聚好散就好了，沒必要去數落對方。

我也始終搞不懂有些人的觀念，比如：結了婚就是一起省錢，要為了這個家庭，一而再、再而三地降低自己的生活水準，才算是勤儉持家。

真正的會持家，就是結了婚一起賺錢，兩個人疊加出高品質生活；而不是你過得省一點，我過得差一點，最後越過越窮，反而失去單身時那種朝氣和拼勁。

如果婚姻就是這樣子的負面效應和廉價心態，那麼要了有何用？

女人也好，男人也罷，你可以圖對方任何東西，但千萬別圖他省錢。你不知道，省下的不是錢，而是去賺錢的動力。沒錢的時候應該想著怎麼去賺，而不是像和尚念經一樣對那個人念叨：你放棄你的高要求、高標準，來配合我演一齣沒有生活追求的戲吧。

時間久了，你會被他拖累著，越降越低，再也沒有翱翔天空的本錢。

一個家庭裡，一旦兩人誰都沒有更高的期待，還有什麼希望？

真正喜歡一個人，不是讓她降低姿態，去遷就你的低標準；而是不斷努力，提高自己，和她一起過越來越好的生活。

所謂的門當戶對，是你的努力要配得上她的拼命。

很多時候，女生並不怕窮本身，怕的是窮的心態。怕一直窮下去，還怨怪別人太奢侈。

一個永遠只求你省卻不想自己去賺的人，還是算了吧，一段只想著讓你降低標準，而不敢對自己提高要求的婚姻，不要也罷。

要知道，我努力讀書、拼命工作、把自己養得很貴，真的不想便宜任何人。

我有本錢
依照自己的標準去過生活。

「我愛你」的回應，
可以是「我愛你」，
也可以是「對不起」。

禁得起愛，就要禁得起心碎

人生有很多無奈，最刻骨銘心便如佛家所言：「愛別離，怨憎會，求不得。」
你有沒有遇見一個人，你千迴百轉、胼手胝足一心想要和他在一起，卻只能在時光的無情剝落中撒開手來。
然後終其一生，他成為你深夜裡的一個祕密，夢境裡的一場幻象。

認識這樣一個女孩。

她喜歡一個人，喜歡了十一年，十一年裡，她陪他從最青澀的高中時代，走到了社會的刀光劍影裡。

讀書時代會偷偷地往他的課桌抽屜裡塞進一個又一個節日禮物；為了能和他上同一所大學，原本成績一般的她，拼了命地讀書；得知他最愛某個歌手的歌，便學會那個歌手的每一首歌。

只是為了能離他近一點，再近一點。

當然，漸漸成為好朋友。經歷高考、大學，後來開始工作，身邊的朋友來了又走，唯獨他一直留了下來，始終占據著她的心。

十一年來，從北到南，她被他的喜怒哀樂牽引，自然也時刻留意他身邊的每一個異性。

明明暗夜裡為他百般心碎過，也為他暗自竊喜過。

但那一句「我愛你」，她始終無法說出口。

最初是無意間聽了別人一句話：「男人都是主動屬性的物種，如果他真的喜歡你，不用你開口，他自會來找你。」她深信不疑，覺得那男孩一定不喜歡她，為此忐忑多年。

後來，兩人情誼深厚，更怕他拒絕，從此連朋友也沒辦法做。而那個男孩其實也是喜歡她的，就像李大仁對程又青那樣，身邊也有其他女孩出現，但沒人能抵過她的分量。

他沒選擇告白的理由，和她一樣：怕，怕失去，怕辜負。

就這樣，友情以上、戀人未滿地持續十一年。十一年有多久呢？酒越放越醇，情越等越淡，十一年不是名詞，而是動詞，是陳奕迅那一句「情人最後難免淪為朋友」。

終於，他們之間，那個男孩轉了身，選擇另一個勇敢說愛的女孩。

她在深夜裡哭到情難自已，但也終於明白，那些錯過的永遠不能再回來。那句「我愛你」，對他，她再也沒機會說出口。

很多愛就是這樣的，越勇敢，越幸運；越卑怯，越失去。

所謂有緣無分，不過是情深卻不懂開口；而所謂天定緣分，不過是靠有人勇敢。

很多人說，愛情和人生都太虐心。是，過程是很令人難受，命運的悲戚不曾放過任何人。

但在我看來最虐心的不過是：太多人把人生中唯一一段可以心無旁騖、肆無忌憚去愛的大好時光，通通用來錯過。

愛要趁早，來得太晚，就變了滋味。你說「執子之手，與子偕老」的愛情最動人，可是金風玉露少年愛，亦是錯過不再有。

在愛情上我從來沒怕過，我禁得起愛，就禁得起心碎。

更何況，沒說過那句「我愛你」，你怎麼就知道，得到的一定是心碎？

「我愛你」的回應可以是「我也愛你」，也可以是「對不起」，如果你試過，至少能拿到五〇%的機會，但如果你不試，一無所有。

電影《敢愛就來》裡說：「愛情是勇敢者的遊戲。」

真的一點都沒錯。

不要用等，來決定愛情；不要用運氣，來選擇你的一生。愛情是等不來的，運氣這東西，也最好別期待。

你手裡最好的那張牌，叫勇氣。如果愛，就一定要勇敢說愛，勇敢去愛。不怕受傷，就不會受傷。

能靠自己，也能靠男人

敢於依靠自己的男人
一點錯都沒有，
重點是，
妳也可以成為他的依靠。

很久之前我寫過一篇文章〈我媽給我的家教，就是不向男人索討東西〉，當時一位朋友看到，她說：「其實看你這篇文章，我還蠻想扁你的。」

越來越多所謂的現代女性，都活得像鬥雞，太過倔強了。其實女人敢於依靠自己的男人有什麼錯。靠自己當然好，但懂得適當的時候依靠男人，會活得更幸福。

後來，再看作家張小嫻的書，她說自己最喜歡的生活方式是：我喜歡依靠自己的時候就依靠自己，我喜歡依靠男人的時候就依靠男人。

然後，我回想起這些年的起起落落，回想起每一次坎坷難行時，老公老馮始終陪在我身邊，忽然之間明白，在你最難過的時候有個人可以依靠，是多麼幸福的一件事。

最好的愛的確是，可以靠自己，也可以依靠另一半，而且會因為感激另一半給予的依靠，努力想讓自己變得更強大，替對方承擔一些歲月無常。

夫妻間的互相扶持、共度悲歡，不就是你靠著我、我靠著你？敢於依靠自己的身邊人，也才會心甘情願成為別人的依靠。

典型的女強人R，曾經一度堅決認為，女人事事只能靠自己。她工作能力強，又夠努力，這幾年升職速度飛快，但也因此被其他人惡意揣測是靠潛規則上位。那是她很難熬的一段時間，公司裡的風言風語，凌厲得像把刀，削去她的工作熱情，漸漸地，她對那裡的人和事也心灰意冷。

她有辭職的想法，但一時沒找到更好的工作，只能默默忍受著。在她快要撐不下去的時候，她的老公說：「沒事，有我在，想辭職就辭職吧。」

向來不屑於依靠男人的R，那一瞬間眼淚狂噴。後來她常和我們說，原來有個人可以依靠的感覺這麼爽。

她並非因為不用工作而覺得爽，而是在那段靠老公維持家庭生活的時間裡，她清楚地感受到這個男人的責任心，看到他的擔當、努力。這一小段被人養的歲月，不像她想像中一樣會讓她受盡嫌棄，相反的，這段本來因為她過度要強而裂隙漸生的婚姻，因為這一點彼此依賴，而變得柔和溫情。

因為心疼老公一個人養家，R開始馬不停蹄地找工作，常有人問她：「你老公可以養你，你幹嘛那麼拼命？」

換做從前的她一定會這麼回答：「誰稀罕被男人養啊，誰也養不起我。」現在的她卻是這麼回答：「對啊，就是因為他可以養我，所以我希望自己不那麼弱，有一天在他困難時，我也可以養他。」

這種相互擔待的情誼，令人感動。

許多女性的確比男人更會賺錢，但有一種莫名其妙的心態，認為自己厲害到，只要靠一下男人就是毫無靈魂（這樣的矯枉過正我也有過，所以得反思）。於是活得越來越堅硬，動不動就把簡單的事看得太過嚴重，看不起這個，瞧不上那個，對誰都把全身的毛豎起來，蠻沒意思的。

然而，婚姻就是男男女女的事，必要時依靠自己的男人絲毫不可恥。一個女人最極致的活法就是，可以坦然地說出：「老公，你養我吧。」也可以驕傲地說一句：「老公，我養你。」

女人要有凌厲的姿態，但也不要丟了柔軟的心態。

我會努力工作，賺很多的錢，養自己的口紅、包包，還有我們的孩子。但是有一天，當我在職場裡受盡委屈，暫時不想工作的時候，希望老公可以微笑著說：「我養你。」

我有自己的夢想，兢兢業業想要實現，跋山涉水都無所謂。但我知道我會累，我希望在我快要放棄的時候，可以靠在老公的肩膀上休息一下，然後頑強地再次站起來。

那個可以讓我依靠的老公，我當然知道他並不能負責我的人生。但那偶爾的依靠，足以緩釋我的疲累，也足以讓我看清他的好，從而對人生充滿期待。

婚姻，就是在這彼此的靠一靠裡，才變得牢不可破。

我當然也知道，人最可靠的始終是自己。但我知道有一個人隨時可以讓我依靠時，我會更努力地依靠自己，讓自己變得強大，反過來也可以成為他的依靠。

「人」字的結構是相互支撐，人生就是在這互相依靠裡，才堅不可摧。

所以，依靠男人有什麼不好呢？能靠自己，也能依靠男人的女性，才是真的獨立。

你當然要越來越好，但不是為了討好誰

討好帶來的反噬，
不僅是讓對方失望，
更重要的是，讓自己失望。

上週和朋友H逛街，路過一家醫美診所，她在那裡佇立很久。她說：「你看，那裡面有句話，我的前男友也曾對我說過。」那句話是：「女人的美，才是男人的愛」之類的。H長得不算美人胚子，但很清秀，前男友提出分手的時候，以「我的新女友容貌驚豔，身材火辣」為由，狠狠奚落了她一番。

她為此耿耿於懷。

那天她問我：「你看，我是不是應該去整形，如果我比那個女人更美，是不是就不會失去他？我真的不甘心。」

我說，大可不必。如果你是為了討好自己而想要變得更美，我百分之百支持；但如果你只是為了討好那個離開的男人，我勸你放過自己。

因為這世上風險最大的一件事，恰恰就是討好男人。

趙薇之前曾接受一段採訪，主持人問她：「你怎麼看待女性對男性的討好？」

趙薇的回答是：「男人其實是難以討好的。討好不是一個長久的方法，於自己，不是一個舒服的方式。男女之間最理想的狀態是做百分百的自己，這是最長遠、最穩定的一個辦法。不要扮演任何姿態，時間久了，熱情淡了，反而男人會更失望。」

我非常贊同。

沒有人可以一輩子活在討好裡，一旦那個討好的機制內部，發生哪怕是細微的變化，這段建立在討好上的關係就會瞬間崩塌。

女讀者K來跟我訴苦，她曾經活在討好裡許久。

她暗戀一個男生，偶然的一次機會，她從男孩子口中得知，他最愛憂鬱氣質、個性捉摸不定的女生。她本身恰恰相反，個性極其開朗樂觀。

但年少時，總會想不明白什麼最重要。

於是她放棄了那個最本真的自己，為了他而去扮演「憂鬱」又有故事的女同學。開頭總是很夢幻，那個男孩果然開始注意起她，但過程總是很痛苦，她要一遍遍克制自己想說很多話的欲望，也要一次一次收斂起原本想要大笑的衝動。

戀愛本身是一件很快樂的事情，但是在她這裡成了無盡的折磨。

一開始還能遮遮掩掩，時間久了總有紕漏，矛盾也在這些紕漏裡滋生，男孩總是會說這樣一句話：「為什麼現在的你和當初的你，像是兩個人？」

他們最終還是分手了。

比分手更糟的是，她發現她還弄丟了自己。

現在的自己既不是憂鬱氣質，也不復當年開朗的個性，更多的是焦躁、自卑、抱怨。一點都不美好。

討好帶來的反噬，不僅是讓對方失望了，更重要的是，讓自己失望了。

她後來用了很長一段時間，走出這段「討好式戀情」的陰影，經歷新的人生，浪費掉部分青春之後，她越來越清楚自己要的究竟是什麼，然後終於明白：所謂討好，必然驚動聲色，每一分討來的，最終都要償還。

討好的代價，何止百倍？

我也有過一些委曲求全的經歷，後來才發現，自己討好的姿態，在別人那裡不會換來一絲尊重；相反地，他會覺得你毫無尊嚴。

很多女性都是如此，吃盡苦頭，才得來這麼一點安身立命的經驗：討好誰都不如討好自己重要，越是沒人愛，越是要愛自己。

自愛，沉穩，而後愛人。這是對己對人都好的交往方式。

看過心理諮詢師叢非從的一本書，他對每一個汲汲營營、過度求愛、漸漸失去自我的人說：「真正的愛是杯滿自溢。然後對方也會被填滿，反哺於你。」

你可知，討好其實就是一種索取，用委屈自己、改變自己，換回某種認同。自愛則是以自己為載體，形成良好的內部循環，我討好自己，然後得到一個更好的自己。

把愛情、婚姻都當成順其自然的選擇，先經營好自己，然後愛了才嫁，如此一來，即使有天分崩離析，也不至於一無所有，因為從一開始，你就是完整的自己。任何時候都有重新開始的本錢，無非就是換個人愛。

如果你只是攀附別人，當那無骨的絲蘿，你要當心，一旦他挪步，便失去所有的支撐。

不管愛誰，記得要討好自己，才不會產生那麼多要向他伸手討要的期待，也不會有「我為你付出了這麼多，你為什麼不愛我？」「我到底要怎麼委曲求全，才能換回你的愛？」這樣的疑惑。

討好，從來換不回愛，最多換回憐憫的施捨。

可是，誰稀罕施捨？

那個因為前男友奚落而想整容的女孩，你要做的是讓那個男人滾，而不是先殘忍地否定自己。

你當然要越來越好，但不是為了討好誰。

討好，從來換不回愛，
最多換回憐憫的施捨。

別人的打賞，最好不要太期待

先賺錢，再談愛，
所有的愛都建立在金錢上，
不管你信不信，這是真的。

有段時間，我從職業女性變成無業人士，辭職回家，心裡並非沒有彷徨。身邊很多人說：「多好啊，我們想賦閒在家都沒那個條件。一個女人賺那麼多錢幹麻？老公養你就好了啊。」可是我怕，我怕日復一日的消磨中，生活變得無趣，更怕自己習慣了從男人的手裡討生活，最後變得面目可憎，全無自我。

所幸，還有寫作這個謀生手段。

因此，當老公對我說「只要你願意，你可以不用天天創作，我養你」時，我連連搖頭。

寫作是我的立身之本，更是我的靈魂依賴，怎能放棄？

我從不信這世上有所謂的「我養你」。所有的被人養都是有代價的，拿了他人的錢，就在他人面前降了級。

你看，我不過辭職三天，我媽就對我說：「現在你不工作了，家裡的大小雜事就理應你承擔。」你可知一個月前，當我拿起掃帚，準備打理家務時，我媽還說：「我女兒是做藝術的，怎麼能被這種小事耽誤。」

生活是自己賺出來的，別人的打賞，你最好不要太期待。

一開始，我們都輕信於別人的「養」，最後都只信自己「賺」來的。

國內一流大學研究生畢業的S小姐，畢業後在自己的專業領域裡小有成就。三年前她嫁人，對方家境優渥，對她說：「親愛的，你不用上班，在家做個全職太太，有錢有閒，想做什麼就做什麼。」

她那時剛好在工作上遇到瓶頸，就信了。放棄高薪工作、放棄原有生活，走進一個靠人「打賞」的全新世界。

很快的，她懷孕了，自然被人待之如寶。那一年的生活簡直像做夢，無須賺賺賺，只管當個貴婦，被老公及家人全心呵護著。

後來孩子出生，夢也就醒了。長年寄居他人手中，她志氣漸短。買件衣服需要錢，買個車更需要錢，不想降低生活品質，只好把頭低一低。

有時聚餐會聽到她與先生通電話，不出三句便說到錢上。沒辦法，不像當年自己有工作，自負盈虧，和對方只需談感情，現在生活為大，感情滾一邊。原本郎才女貌的一對，在金錢的考驗下敗下陣來。

朋友覺得先生早已不復當年對她的寵愛，現在花錢處處要看他的臉色；對方覺得她日漸庸俗，從早到晚拿錢說事，毫無獨立女性的姿態。

兩個人從最初的你情我願，變得你厭我煩。

今年，朋友決定去上班了，重新開始當然艱難。三年了，高樓大廈不知道蓋起了多少，屬於她的那一棟早就找不到了。但她仍然堅持著，她說，從今以後滋養自己的每一分錢，都不會從別人手裡討。

討來幾分物質，就要抹殺幾分靈魂。

永遠不要寄希望於別人的「養」。不管你們的感情有多麼好，當你需要他養的時候，你們就必須談錢了。

兩個人，只有彼此都不缺錢，才能心平氣和地坐下來，慢慢談感情。

為什麼那麼多女孩在考慮結婚時，要先問對方有沒有車子、房子和錢財？為什麼我們在考量一個男人時，總是把會賺錢作為重要的考量指標？因為我們要麼沒有錢，要麼缺乏賺錢的本事。

我想說，女孩們，如果你們真的那麼渴望嫁給愛情，那麼請一定要養成賺錢的本事，不要被他人的物質所養。

「我養你」是浪漫的，但你要被他的好、他的愛包養，而不是被他的錢包養。搞清楚這裡的邏輯：先賺錢，再談愛，所有的愛都建立在金錢上，不管你信不信，這是真的。

你向別人拿了錢，就少拿了愛；你自己先有錢，你的愛就會多一些。這個社會的公平，無處不在。

如果有個人對你說：我養你。先別忙著感動，問問他用什麼養你。

如果是愛、是生活裡的點滴照顧，可以接受。

如果是錢，趕緊拒絕。他養你一時，就要用你一時，勞駕讓開，別阻擋本宮美得有靈魂。

他養得起你的生活，也養不起你的靈魂。

靈魂那麼貴，Chanel、HERMES在它面前也黯然失色，它支持著你熬過一個又一個傷悲春秋，豈是別人能養得起的？

只有你自己，才配得上你的靈魂。別人的支持只限於搖旗吶喊，隔岸觀火，一待不可收拾，立刻勸你處變不驚，莊敬自強。

既然如此，何不從一開始就對自己負點責任。你要知道，長年累月緘默地向別人要錢，比賺錢需要更大的勇氣與毅力。

我一直相信這個世界是守恆的，人和人，物和物，都需要價值交換。而我只是不願意拿無可替代的靈魂，去換隨時能賺的物質。

就算你養我那又怎樣？我不稀罕，我那麼貴，誰也養不起。

如果你真的那麼渴望嫁給愛情，
請一定要養成賺錢的本事，
不要被他人的物質所養。

所謂「溝通不累」，就是可以隨意談錢

一和他提到錢他就怕，
那就是真的不愛你。

「過年時，要不要帶男朋友回家過年？」

我的初中同學 Amy 曾有過這樣的糾結。她說男朋友很體貼、很紳士，懂她的喜怒哀樂，也總是能逗她開心，但她總覺得有哪裡不對勁。最明顯的就是，只要一提到錢，他就滿臉不樂意，會一反常態地板起臉教育她：不要成為崇尚物質的女孩。

她問我：「這樣的男朋友能不能帶回家過年？」

當然不能。一個男人不願意為你花錢，還反過來攻擊你是物質女孩，這樣自私的男人，不分手難道將來等著離婚嗎？

我很反對女性在經濟上依賴男性，因為一旦有依賴的心理，就不太可能心平氣和地談戀愛。

但我更明白，一個男人願意為你做任何看起來很浪漫的事，除了花錢，那就意味著：他不是真的愛你，他的人生大規劃裡，通通沒有你。

什麼是人生大規劃呢？原諒我俗氣，沒辦法，這世界大部分的人都是俗人。俗人的人生大規劃，說來說去就兩件事：賺錢和花錢。

如果在這兩件事上不能溝通、不能融合，那就趁早說再見。

朋友自然有些捨不得，她說：「可是和他在一起，真的相處不累啊。」

我說：「因為你們始終沒談到錢，婚姻裡大部分的雞零狗碎都離不開錢。真正的相處不累，是兩個人可以心平氣和地聊一聊關於錢的問題。」

我們身邊很多女孩都有過這樣的經歷：起初被男人的溫柔打動，然後不管不顧栽倒在戀愛的甜蜜裡，直到多年後過了愛做夢的年紀，才發現身邊這個男人自私貪婪到讓人失望，於是開始感嘆，婚姻是愛情的墳墓。

可是我想說，婚姻並不是墳墓，而是當初你選擇的那個男人，推翻了你對於美好人生的設想。

永遠不要聽一個男人怎麼說，而是要看他和你戀愛時，每當涉及自身利益時，他所作所為背後的態度，這是檢驗一個男人有品沒品、夠不夠愛你的最準確的標準。

錢是一面鏡子，所有的自私都會被照出原形。

一個時時刻刻為自己打算盤、衡量利益得失的男人，你怎麼敢嫁？戀愛時，說來說去不過情愛二字，極少涉及利益，但婚姻就複雜了，處處需要你捨掉一部分自我，去換取兩個人的平衡。

一個不願意為你付出的男人，只會讓你在婚姻裡一忍再忍，畫地為牢。

我一直認為，看一個男人愛不愛你，就看他在利益面前願不願意為你付出。當然，所謂的利益有很多種，說得再具體一點，就是檢驗一個人愛不愛你，就看他敢不敢和你談錢。

不要以為談錢就是庸俗的，三毛曾經說：「愛情如果不落到穿衣、吃飯、睡覺、數錢這些實實在在的生活中去，是不會長久的。」張愛玲亦說：「愛一個人愛到管他要零用錢的程度，是一個嚴格的考驗。」

談錢，不是讓大家去愛一個人的錢，而是認真去思考，當你和對方談錢時，他所表現出的態度：是錢重要，還是你更重要？

當年荷西問三毛想嫁什麼樣的人，三毛說：「看得順眼的千萬富翁也嫁，看不順眼的億萬富翁也嫁。」

荷西：「說來說去還是想嫁個有錢的。」荷西又問：「那你要是嫁給我呢？」

三毛：「要是你的話，只要夠吃飯的錢就好。」

「那你吃得多嗎？」荷西問。

「不多不多，以後還可以少吃。」

你看，聲稱要嫁給有錢人的三毛，當年還不是嫁給了不算有錢的荷西，無非是她在荷西的苦苦追求中，看到他不功利不算計的付出，所以心甘情願陪他浪跡天涯。

三毛和荷西，兩個人從未因為錢而斤斤計較，荷西不會拿著算盤，盤算自己付出幾何，三毛又該回報幾何？他認認真真地愛著三毛，也換回三毛死心塌地的陪伴。

但偏偏這世上還有另一種人，你不能和他提錢，只要一說到買房、買車、嫁妝，他就覺得你拜金，甚至會在分手時列出一頁詳細清單，抱怨自己付出太多，要求你歸還那些年他花在你身上的錢。

只有最愛錢的人，才最怕人人都貪戀他的錢。

女孩們別傻了，一個願意為你花錢的男人未必愛你，但一個男人，一和他提到錢就怕，那他就是真的不愛你。

真正的相愛是一定可以坦蕩談錢的，因為你們都相信，最重要的是那個人。找一個敢和你談錢的人結婚，他敢於割捨自己的利益去愛你，那麼你們將來才不會為雞毛蒜皮、為誰的錢多誰的錢少而吵到天昏地暗。

有句話說：「分手見人品，離婚見人品。」其實說來說去，都是利益見人品。

真正的相愛，
是一定可以坦蕩談錢的，
因為你們都相信，最重要的是對方。

女人越聖母心，越會遇到渣男

很多渣男的進化，
是因為女孩一直在
扮演大人的角色，
沒有教會他負責任。

有個失婚藝人在談及當年的婚姻時，說過這樣一段話：
「在上一段感情中，我總是扮演長輩的角色，從生活的瑣事到嘴上的大道理，這個相處方式很明顯不對勁，結局也有目共睹。我自認最失敗的一點是，始終沒教會對方負責任……。」
沒結婚的時候，我是不懂男人也需要被教的，對她的這番話不理解，總覺得所謂擔當和責任感這種事，是與生俱來的。

到了自己結了婚才明白：一個男人在婚姻和感情中的責任感，的確是需要培養的。

朋友H結婚的對象是圈子裡久富盛名的「渣男」。據說大學時就很會撩妹，女朋友換了好幾個。很多人得知對象，都暗自替H擔心，委婉地提醒她：「據說這男人容易翻船。」

而男生的朋友得知他要結婚，都驚掉了下巴，在他們眼裡，他是那種永遠玩世不恭的男人。

在所有人以為他必定在「渣」的路上繼續前行時，誰也料不到他會猛然轉身，給自己找了個歸宿。

更讓我們意外的是，這樣一個不被大家看好的男人，在婚後卻極其顧家和有擔當，做起了好好先生。

更抓狂的還是他的前女友們。

明明結婚以前，他還信誓旦旦地告訴她們：「婚姻是個庸俗的形式。」然而，遇到了真正喜歡的人，他便歡天喜地和她公開了「最庸俗的形式」。

所以，不要太相信男人說的話。

他所謂不想結婚的真相是：不想和你結婚。

他的前女友之一，也是我的高中同學，在得知他結婚後，無奈自嘲道：「我一直以為他就是這樣，天生的渣、壞、痞，可是我錯了，原來他也可以不渣的，不過不是對我罷了。」

是的，不是他渣，他只是對你渣。

為什麼會這樣？我也想知道原因。

因為前女友不夠好嗎？才不。事實上，他的前女友在我們整個老同學群組裡，是公認的性格、人品、容貌都好。不僅高學歷，又在銀行集團裡工作，最近又升職，薪水自然不在話下。曾經連我媽都對她連聲稱讚，說她是大部分媽媽心中的標準兒媳婦。

然而，偏偏遇到那個男生，好像一腳踩進泥潭裡，便被泥鰍咬住了腳，再也拔不出來。

要不是親眼看到她如何死心塌地對那個男生好，我還真不敢相信，現在還有這樣踏實、傳統的姑娘。

比如，他在外租房的時候，她看不慣他住的地方環境差，便每週來為他打掃房間，高至擦窗戶，低至刷馬桶。

男生主動提出幫她分擔，她卻笑得一臉寵溺，連連擺手說不用，讓他忙他應該忙的。

幾次下來，他也覺得掃興，便再也不主動幫她忙。

後來，這成了常態，她忙前忙後，幾乎淪為他的保姆。她忽略自己，所以不用多久，他也忽略了她。

喝醉了，打電話讓她接；惹麻煩了，找她擺平；缺錢了，找她借；和她吵架了，不顧她的情緒，轉身去交友軟體裡找別的女孩聊天。

她眼睜睜看他以最殘忍的方式相待，卻告訴他：「只要你願意改，我可以原諒你。」

他卻連被原諒的機會也不想要，他對她說：「我不想讓你原諒我，我只想和你分手。」

這時候，輪到她說他渣了。

其實他原本可以不渣的。很多女孩都容易犯下和我老同學一樣的錯誤：在感情裡把自己當聖母。

要警惕感情和婚姻裡的「聖母病」，這是渣男最好的培養皿。

你把自己放在了聖母的角色，自以為可以承擔一切，又憑什麼和他談愛情呢？生活中，其實很多男人並不是天然渣，就像我們現在吐槽的「直男癌」，其實也不是不可改變的。只不過，很多女性始終把自己當女超人，沒教會男人如何負責任罷了。

八〇後、九〇後這一代年輕人，很多男性都有點直男癌屬性，也不能完全怪他們，因為他們成長的階段，從小被捧在掌心長大，加上他們老媽在婚姻裡的聖母病，使他們成長為標準的慣壞的獨生子，衣來伸手，飯來張口。

比如我家老馮。

我婆婆有時對我抱怨她兒子又懶又不會做家務，可是在我看來，那抱怨裡都透著寵愛。

他當然什麼都不會。

每次回婆婆家，我老公的日常都是這樣的：

「衣服髒了吧，快，脫下來，媽幫你洗。」

「兒子，快起來吃飯，媽給你放桌上了，水果也幫你洗好、切好。」

別說我老公了，就是我，在婆婆家都被慣得一身毛病。

然而，在我們自己的小家庭裡，忙到無暇自顧的我，沒心思做聖母，所以很多事情他必須自己來。

久而久之，洗衣、做飯樣樣都學會了，而且懂得對我說一句：「做家事也很辛苦，老婆你之前太累了。」

很多男性不是不想負責任，而是他們的父母沒教會他們負責任。直男癌都是養出來的。

我在婚姻裡的準則是：要尊重別人對你的好。當老馮主動要求做家事時，我從不拒絕，也不會因為他做不好，擺出一副嫌棄臉。作為家庭的一員，他有必要、有責任知道，維持一個家庭的艱辛。

別做那種在婚姻裡擔心太多的人，當你敢於讓別人幫你承擔起一份責任，你會發現，婚姻其實也可以不那麼艱難。

愛情也是一樣的，作為戀愛雙方中的一員，男人應該知道他要負的責任是什麼。

很多渣男的進化，是因為女孩一直在扮演大人的角色，沒有教會他負責任。女孩的態度使他認定了，無論自己如何貽害人間，都能輕易被縱容。

既然渣無罪，何必扮好人。

人性如此複雜，誰沒點渣的苗頭呢？

重要的是，聰明的女孩會適時掐滅那小小的火苗；而過度寬容的女孩，任它發展成了燎原之火。

愛情也是有是非觀的，你愛的人並不需要你去原諒，而是需要你不給他犯錯的機會。

容忍「渣」是不道德的，太多女人喜歡原諒渣男，而不是糾正他，所以你得不到一份好的愛情。

要警惕感情和婚姻裡的「聖母病」，
這是渣男最好的培養皿。

比孩子更需要獨立的，是父母

有一種愛叫「放手」，
不應該唱給失戀的人聽，
而是該唱給每一個父母聽。

這個月，陪爸媽、公婆一起去度假。

其實最初的計畫是給四個長輩買好機票、訂好酒店，讓他們好好去享受一下。

但臨近啟程卻不得不改變計畫，因為感受到他們不同程度的恐慌。

他們會有意無意地提及這些問題：半個月都在外地，我們會不會對那裡的環境不適應？平時很少坐飛機，我們會不會暈機？異地他鄉，會不會迷路？

以及一個更嚴重的問題：如果你們不在，我們應該做些什麼？

最後我只好放下所有工作，陪他們一起出去。

但整個度假過程中依然出現很多問題，歸納總結為，他們四個一旦離開我和我老公，或多或少會顯得有些焦慮，不願意體驗新的環境，也沒什麼興趣嘗試新的事物。

結果仍然和在家裡一樣，四個長輩圍著我們兩個團團轉，複製他們一生的模式：為了兒女生活。

他們動不動會對我搬出這樣一句話：「爸媽這一生都是為了你們，只要你們好，我們怎麼樣都無所謂。」

也就是在那一刻，我突然意識到：在提倡女性獨立的當下，比女性更需要獨立的，其實是父母。

女性尚且懂得為自己而活，只是因為過去社會環境的限制無法完全實現獨立。但父母「為兒女而活」的意識，卻根植於他們的思想，被他們津津樂道，並將其奉行為「偉大」。

每一個父母都把「為兒女犧牲」視為理所當然，而把那些真正敢於活出自我的父母，視為自私。如果你不能為了孩子犧牲自我，那你就一定不是「好父母」。

在我們家的親戚中，我表嬸是一個特立獨行的人。

年輕時她愛美，我記得去她家裡做客，走進客廳，一整面櫃子裡全是她各式各樣的衣服，我第一次見到高跟鞋就是在她的櫃子裡，紅色漆皮的、白色細高跟的……，對七、八歲的小女孩而言，她的衣櫃有一種華麗的吸引力。

那時我暗暗發誓，要活得像她一樣絢麗多彩。

可是我每每從她家裡出來，總會得到大人們的耳提面命：「你可別學她，你看她天天打扮成那個樣子，哪裡像一個當媽的。」

然後，他們會搬出一個非常「正面」的母親形象來引導我，而那個所謂的正面形象，卻是黯淡的、隱忍的、犧牲的，只有一個影影綽綽的模糊剪影。

像是作家張曉風筆下那個永遠吃剩菜、穿粗布衣衫、守著家裡最後一盞燈、閂好所有門窗的母親。

這是上一世紀的人對於華人母親的印象：灰色調的、忍耐克制的、沒有自我的。

所以，偶爾有一個像表嬸這樣追求個性、注重自我的母親，便人人得以口誅筆伐。

事情發展到表嬸離婚的那一天，她所面臨的羞辱更多了。

她和表叔離婚其實沒什麼惡俗的家庭劇橋段，只不過因為這兩人一個是新式人物，一個比較傳統，長久相處下來，三觀不合以至於怨懟漸生。

我表嬸提出離婚的時候，他們的孩子剛上小學。

我記得非常清楚，那一天她婆婆將她所有的鞋子和衣服扔了出去，說她不配做一個媽媽。

從此以後，我沒有再見過表嬸。因為大部分親戚都恨透了她，漸漸地大家都不再來往。

當然還是會有人提起她，但那份提起裡全是鄙夷，而所謂的她「不配」做媽媽的理由，被他們翻來覆去說道，也不過就是「愛美」和「不將就」。

在我們的育兒觀中，犧牲是永遠的關鍵字，你那份被彰顯出來的獨立人格，會讓你變得格格不入。

最重要的是，所有父母都錯誤地認為，他們的犧牲能夠培養出更獨立、更優秀的孩子。

我見過這樣的父母：為了孩子的教育問題縮衣節食，換了一套又一套房子，兒子在哪裡，自己就住在哪裡，為此失去了更好的工作機會。漸漸地，和其他女性的距離越來越大，又開始整日恨天怨地。

我也見過這樣的父母：為了讓尚未滿周歲的孩子睡個好覺，整晚抱著孩子晃來晃去。孩子沒有養成良好的睡覺習慣，自己也累得滿身是病，即使有別人要幫她照看孩子，她仍然不放心。

但事實是：前者的孩子成績最好時，是在媽媽積極工作之時；後者的孩子在媽媽不在身邊時，睡得反而更好。

不是孩子離不開父母，而是父母離不開對孩子的那種關懷，或者說他們潛意識裡享受那種被需要感。

心理學上有個專業詞彙叫「Codependency」，即「關懷強迫症」。說的就是，依賴別人對自己的依賴，喜歡關懷別人時的那種感覺。在我看來，大部分華人父母都有這種症狀。

他們總覺得孩子是離不開自己的，但事實可能恰恰相反。

在實境秀節目《爸爸去哪兒》裡，為什麼那些明星孩子都會在離開家長獨立執行任務時，顯現出超乎尋常的潛力？就是因為孩子本身的獨立人格，在父母的過度關懷下會漸漸退化，但一旦離開父母，那種獨立性就會被激發出來。

如果希望孩子獨立，不如先做獨立的父母，有一種愛叫「放手」，不應該唱給失戀的人聽，而是該唱給每一個父母聽。

過度依賴「付出感」也是一種不獨立，而且要警惕這種不獨立。當父母付出了關懷，勢必渴望孩子實現某種期待，而當孩子實現不了那種期待，結果就變成雙方都失望。

越失望，越逃離，這就是為什麼華人父母和孩子在成年後越來越疏遠的原因。

心理學家叢非從曾說：「真正的愛的結果是連接，絕不是遠離。」

生而為人，每個人都需要自由，每個人都需要獨立的心理空間去感受世界。父母子女這一生，如果要避免漸行漸遠的宿命，就要學會做獨立的個體。

越獨立，越自由；越自由，越親密。

愛自己一百分，愛孩子及格就好，比起女性獨立，我更希望看到父母獨立。

Chapter

6

婚
姻

已婚，

不是人生的標準配備

我不過將就的人生，也不會成為你湊合的對象

「將就」能一點點
毀掉你的人生，
連帶讓那個被將就的人，
一生都瀟灑不起來。

幾年以前，我大姐相親，雙方家長都彼此看好，她和那個男孩也覺得對方是個適婚對象，一路幾乎要走到訂婚的地步。

那時我問我姐：「你喜歡他嗎？」

她回答：「哪有那麼多喜歡，只不過覺得還算順眼，將就著結婚罷了，畢竟我也不小了。」

可是，因為沒有絲毫心動的感覺，不管是我姐還是那個男孩，都表現出極為強烈的婚前不安。直到有一天，他們彼此攤牌，坦誠心裡的真實想法。

那個男孩對我姐說：「我覺得你很好，可是我們真的要這樣帶著將就的情緒結婚嗎？我不想將就，也不想成為你將就的對象。」

他們最終分手。

我姐後來說，轉身離開的時候，她一點落寞的感覺都沒有，反而覺得心裡那塊石頭終於落了地。那一刻她終於明白：原來內心深處，一段將就的婚姻會令她如此畏懼、逃避。

她一直慶幸還好當時沒結婚，也一直慶幸此後終於內心坦蕩，敢於不將就，所以才有如今的良辰美景、大好姻緣。

我和我姐一樣，對待感情從來不願將就。當年結婚我曾對那人說：如果你不愛我，或者並非心甘情願結婚，完全可以告訴我，我絕不貪戀任何勉強得來的人或物，因為我不想成為別人勉強湊合的對象。

所以，當身邊一些朋友問我該不該將就結婚的時候，我都會反問一句：為什麼要將就？你這麼一個光芒四射的主角，幹麻要跑到別人的世界當一個不起眼的配角？你這麼一個對愛情認真的人，為什麼要配合別人演一齣鬧哄哄的惡俗連續劇？而你又憑什麼委屈了自己，還要委屈別人成為你將就的對象？知道什麼是將就嗎？是一種無可奈何的讓步，是一種充斥著不甘心的屈服。而你，那個甘願成為別人將就對象的人，在別人眼中不過是退而求其次的次級品，是不得已而為之的缺憾。

好的婚姻真的是將就不來的。如果你是一個對待感情夠認真的人，千萬不要為了結婚而結婚，一旦你將就了，那些心不甘情不願最後都會瘋狂報復你。無數次午夜夢回，你那顆心都會蠢蠢欲動，你會後悔、會埋怨、會一遍一遍地問自己：如果當初不那麼湊合，如果當初敢於堅持內心，是不是如今也能擁有讓人豔羨的幸福？

因為你的將就，你讓自己變得糾結，更讓別人成為你將就的對象，陪你承受那份委屈，不覺得很不公平嗎？

在電影《西雅圖夜未眠》裡，女主角安妮早已訂婚，但對未婚夫沃爾特卻始終缺少一些怦然心動的愛情。

直到她在電臺裡聽到男主角山姆的故事，發現自己整個人都被山姆的深情、溫暖所吸引。一次又一次，她按捺著心動，強迫自己嫁給沃爾特，卻一次又一次覺得心有不甘。

當她對沃爾特坦白內心的時候，我曾以為，沃爾特一定會取笑她、無法理解她，然而沃爾特說：「我不要成為你將就的對象。」

多麼擲地有聲的宣言，那不僅是對女主角的成全，更是對自己人生的負責。安妮有安妮的選擇，但沃爾特有沃爾特的驕傲。

電影的最後，每個人都選擇了讓自己不將就的人生，所以他們收穫了不折不扣的幸福。

我一直在想，如果當初安妮嫁給了沃爾特呢？也許終此一生，她都會對山姆念念不忘，把自己的心一分為二，可是，那樣的婚姻要來何用？又或者，她終究不能湊合下去，結了婚，再離婚，可是真走到這樣的境地，豈非本不想傷害別人，但反而傷害得更徹底？

電影裡的沃爾特說：「婚姻之路，本來就已經夠坎坷了，每個人都應該全心全意相待。」

是啊，將就本來就是一種傷害，它能一點一點毀掉你的人生，連帶讓那個被將就的人，一生都瀟灑不起來。

我不稀罕將就，哪怕無數人以過來人的口吻告訴我：「其實什麼愛不愛的，婚姻根本就是那麼一回事，愛得再天崩地裂，也不能當飯吃，三五年之後，也就煙消雲散，下班後大家打開電視一起看長篇連續劇，人生就是這樣的。」

可是看電視也有個講究，歡歡喜喜、恩愛成雙地看，是一種人生；哭哭啼啼、貌合神離地看，又是另一種人生。

既然婚姻不過就是日復一日地澆花、洗衣、看電視以及吃吃飯、聊聊天，那我憑什麼不找一個我喜歡的人，又憑什麼要選擇將就而成的那一種無奈？既然，老天還給了另一種不將就的歡喜，我又不是傻子，幹麻委屈自己。

千萬別將就，唯有你敢於不將就，才能從老天手裡，拿回本屬於自己的驚喜。

好的婚姻真的是將就不來的。
一旦你將就了，
那些心不甘情不願
最後都會瘋狂報復你。

避免出軌，
要救贖的不是愛，
是個人的價值觀。

不出軌，是因為他愛「他自己」

之前看過一篇文章，文中採訪了十對夫妻，講述了他們結婚多年後漸漸無性的婚姻生活，沒想到一下子戳中了很多人的痛點。

很多人對我說：「比起無性，最可怕的是無愛。」

以及其中一個讀者更觸目驚心的這句話：「比起無性，最讓我無奈的是，他只是對我沒興趣。」

她緩緩述說自己的婚姻故事：相愛十年，然後結婚。結婚不過兩年，她發現自己的身體對他不再有吸引力，然後發現他出軌。第一次，她選擇忍耐。第二次、第三次……，她最終絕望。

終於，有一天她回到家，看到空無一人的臥室，再看看牆上的婚紗照，覺得諷刺至極，她選擇離婚。

分崩離析的那一刻，她問對方：「為什麼要出軌？出軌很好玩嗎？」

那個男人沒有回答她，但是說了一句耐人尋味的話：「可是我還愛你。」

後來她問了我同樣的問題：「出軌，真的那麼有吸引力嗎？如果你是像我這樣，夫妻之間出現問題，你會選擇出軌或者找個人玩玩嗎？我覺得如果愛一個人，是不會出軌的。」

我的第一反應卻是：「為什麼要出軌，我覺得陪別人玩真的好累啊。」

我對她說：「其實我對男女那點事真沒有什麼興趣，和愛不愛沒關係。」

也許她覺得有點意外，於是多問了一句：「怎麼會對男人沒興趣呢？畢竟你也是個女的。」

坦白說，我不知道自己什麼時候開始有了這種想法，也許是年齡大了些，也許搞不好是性冷淡，隨你們怎麼想，但是，我真的對曖昧這種事一點興致都沒有。

我覺得窩在家裡看電視、出門逛街血拼、閒暇時間飛去旅行、靈感來時寫點激勵人心的文章……，這些平實卻溫暖的每一件事，都比和男人玩玩有趣多了。

我最愛自己，其次才愛男人。

出軌能給你帶來什麼呢？無非是身體上的滿足，後遺症是靈魂的日益空虛，以及對至愛之人的無盡傷害。

也許你會說這是女性的想法，作為視覺系動物的男性，未必這麼看。

但我想說的是，男性也一樣，越是懂得愛自己、懂得生活的男人，都不會在出軌這件事上冒險。

愛自己的人，會憐惜自己的羽毛，懂生活的人，在他的價值觀裡，有千千萬萬件比出軌更重要的事。

他們不願意為一件小事耗費心神，這和他愛不愛你沒關係。

很多人會想當然地認為：只有深愛你的男人，才不會出軌。

其實不是的，只有深愛「他自己」的男人，才不會輕易出軌。因為他深知需要付出什麼樣的代價，能讓他約束自己的，是他對自己那份體面的尊重。

某知名男藝人L的多次出軌，磨損掉多年經營起來的好男人形象，失去擔綱大牌導演電影男主角的機會，好比釜底抽薪，一朝之間抽乾了他的大好時光，直到如今，事情過去很多年，他也沒回到當年的風光無限。

某知名女藝人又怎樣呢？有人做過一個統計，說她的鹹豬手，至少戳掉了一個億。如今仍然元氣受損，難以恢復。

導致他們如今這般潦倒境遇的，難道僅僅是飄渺虛幻的所謂的「愛情」嗎？才不是，是他們人性深處對自我的無所謂、對道德的低約束，是他們覺得出軌這件事和體面不體面沒什麼關係。

而那個說「不想給女兒當壞榜樣，所以要拒絕花心」的男明星吳尊，他能堅守婚姻裡的唯一，是因為在他的價值觀裡，花心就是一件極其不體面的事情。

所以我說，出軌不代表他不愛你，不出軌也不代表他愛你，你一定覺得很殘酷，不過沒辦法，這是真相。

決定一個男人出軌不出軌的，不是他對你的愛，而是他的價值觀。

那種說著「我不過是犯了天下男人都會犯的錯」的男人，趁早遠離吧，他再愛你，也抵不過他早已根深柢固的價值觀。

找一個愛你但是價值觀扭曲的人，不如找一個價值觀積極正面的人，這樣的人即使不愛你，都不會傷害你。

為什麼我們的世界裡，女性出軌機率會遠遠低於男人，因為我們內在的價值觀無時無刻都在提醒著：女性出軌，付出的代價太大。

這個世界對男性的約束實在太少了，但我想說的是，男女都一樣，出軌這件事不能只讓女人背負罵名。

社會教會女性如何在婚姻裡保持體面，卻沒教會男性在婚姻裡保持尊重。出軌，歸根究柢是價值觀的導向，不是愛的結局。

靈魂的空虛、社會的縱容，一切不如意，無法自我填滿，便要憑藉男歡女愛，撐起人生這場海天盛宴。

避免出軌，需要救贖的不是愛，而是價值觀。

這世上最珍貴的品質是對自己的尊重，唯有你尊重了自己，才能換來別人對你的尊重。

出軌開心一時，但帶來的最嚴重的後果，不是你對婚姻的背叛，而是你對人格的背叛。

時至今日，大家提起那些出軌的名人，不是為他們的失敗婚姻而遺憾，更多的是對他們人品的質疑。

一個女人最重要的，從來不是男人，而是自己。

一個男人最輸不起的，從來不是人格設定，而是人品。

當你懂得尊重自己，就會對出軌這件事質疑、排斥，因為你的快樂和豐富，有自我靈魂深處的補給。

知名作家王小波曾經說過：「一輩子很長，要和一個有趣的人在一起。」

但我想說：「一輩子很長，要和一個有人品的人在一起。」

找一個懂得獨處，也愛惜羽毛的人結婚吧。如果你身邊那個人，對什麼都沒興趣，也不懂得豐富自己的靈魂，那你要當心，他的興趣很可能是別的女人。

出軌這種事，說白了，無聊才會上癮，沒品才會放肆。

你先是一個人，
然後才是
一個女人。

結婚是選項，不是人生的標準配備

之前有一個男性讀者私訊和我聊天，他說：「其實我有句話特別想對你說，又覺得不太禮貌，但是真的，看你的發文，我覺得你這輩子不太可能結婚了。」

我自己也覺得吃驚，於是反問為什麼。

他發給我一些我的朋友圈截圖，大部分是我這一年在各個地方旅行的照片，另外有一些就是工作瑣事。

他說：「你看，你這大半年發了這麼多條朋友圈，要麼是吃喝玩樂，要麼就是工作，沒有一條提及男人，也不展現傳統女性的魅力，完全不符合正常男性對適婚女人的審美嘛。」

是，怨不得別人說，賢妻良母我還真當不來。

別說他吐槽我了，連我媽都覺得我不是那種適合給別人當老婆的人。

洗衣做飯完全是外行：哪種牌子的洗衣精好用、哪種廚房用具省時省力，我一竅不通；和老馮去逛超市，該買什麼、買多少量，都是他說了算，我只負責買自己喜歡吃的。

我媽有一次跟著我們逛了一天，回家對我一頓劈頭蓋臉的罵：「有你這樣當老婆的嗎？」

如此看來，像我這種四體不勤、五穀不分的人，結了婚還被人誤會一輩子嫁不出去，也不算什麼稀奇。

坦白說，如果用傳統且單一「男主外，女主內」的婚姻價值觀衡量，我看起來的確太糟糕了。

我身邊很多長輩，乃至一些同事，都對我的婚姻狀況表示過擔憂，她們覺得長此以往，我大概會落得個被拋棄的命運。也有讀者私下質疑我，說我不把精力放在家庭，過於關注個人成長，可能註定孤獨一生。

我曾經也在各種質疑聲中反思過自己：我不夠傳統，做不了照顧家庭的那種女性，是不是真的就不配擁有婚姻？

我很認真地審視自己的婚姻狀況，然後發現，在我和老馮從戀愛到結婚的這些年來，我們從來沒有因為誰做的家事多、誰做的家事少而爭吵過。我不覺得他身為男人洗手作羹湯有什麼了不起，他也從來不覺得澆花洗衣的當屬女性。

一直以來，我們的相處模式都是：做自己喜歡的事情。碰到兩個人都不喜歡的，就坐下來好好商量，然後共同應對。

這是我特別欣賞老馮的一點，他從來不以傳統的眼光定義女性，在他這裡，我先是一個人，其次才是一個女人。

也許正是因為他的這一點尊重，我才會那麼坦蕩地不斷培養自己的興趣，提升自己的成長，不為做不了傳統女性角色而心懷愧疚。

事實上，一個女人對家庭的付出，也沒必要只能是大家認為的固定形式。

認認真真工作，勤勤懇懇經營事業，和男人一樣不斷提升自己的能力，拓展自己的格局，讓他堅信，哪怕有一天他在經濟上遇到困難，你亦可以撐起整個家，同樣也是一種付出啊。

不要以為只有女人會沒有安全感，男人也一樣，而男人最大的安全感，恰恰是經濟能力的加持。

老馮曾經對我說，一直以來他在事業發展上那麼敢冒險，無非是因為知道還有我。

婚姻的狀態不只有男攻女守這一種，更讓人有底氣的是，你們可以攜手篳路藍縷、開拓山林，也可以一起浪跡天涯、瀟灑生活。

男耕女織的時代已經過去了。

一個會持家但沒有獨立能力的女性，和一個經濟能力很強但不懂洗衣做飯的女性，你覺得身為女性本身，哪一種更讓自己有安全感？哪一種又更讓男人有安全感？

相信我，在這個拼事業、拼進步的時代，沒有哪個男人會真正嫌棄一個能賺錢的事業型女性。

只不過男人的野心有點大，他們希望妻子不僅下得了廚房，還能賺得了錢，最好還貌美如花。

也正是如此，我有時會感慨，這是一個女性前所未有的艱難時代：社會需要我們做職場女性，但家庭需要我們做全職太太。我們既要滿足GDP需求，又要完成大部分男性，甚至很多女性骨子裡對傳統女性的認知。

這太難了。

但我知道，前所未有的艱難時刻，也正是突破認知局限的最好時機。困則思變，你需要做的也許是靜下來想一想，到底要成為什麼樣的女性。

所有女人也不過只是個謀生活的正常人，沒必要去做女超人，完美兼顧事業和家庭，也許真的有可能，但我覺得你不必勉強自己。

我的作家好友艾明雅說過一句話：「不要覺得職場風雲才是能力，賢妻良母亦是能力。有些能力你就是天生缺乏，你要承認這一點。」

我非常非常認同這句話。

同樣的，如果你做不了賢妻良母，註定要做風風火火熱情奔放的事業型女性，而且在這份謀生裡自覺坦蕩歡喜，那麼就請你享受這一點野心。

一個人的能力是有限的，把自己最擅長的事情做好，家庭主婦也好，事業女性也罷，選擇成為令你舒服的那一種人，無愧於心就好。

沒有人規定婚姻是標準配備，更沒有人規定事業型女性沒資格擁有婚姻的入場券。

只有那些始終困囿於狹小格局的人，才會給女性貼上唯一的標籤，而那些跟隨著世界變化重塑價值觀、視野逐漸開闊的男人，會懂得尊重每一個認真生活的女性。

沒有女人嫁不掉，無非是想不想的問題。

我希望你做這樣的女性：不用結婚與否來衡量自己的價值，也不必活成任何人期待的那種樣子。在不傷害別人的基礎上，選好你自己最喜歡的那條路，認真一點、堅定一點地走下去。

也許仍然會有人說：「看你這樣，覺得你這輩子都嫁不出去了。」

沒關係，我們開心就好。

三觀不合才是最可怕的婚姻

最重要的根本不是
去找一個和自己一樣的人，
而是找到一個不狹隘、不自私、
擁有包容心的人。

為什麼越來越多人想和三觀相合的人在一起？不過是因為我們日漸發覺，和三觀不合的人相處，真的太累了。

我有一個朋友說，她結婚近十年，從來沒有停止過爭吵。大到孩子教育、家庭消費，小到一日三餐、今天垃圾誰來倒，都能吵得面紅耳赤。

終於忍無可忍，兩人離婚，她把離婚的原因歸結為：三觀不合。

她認為孩子的教育是家庭第一大事，能最好就最好；他卻說，兒孫自有兒孫福，不必在孩子身上花太多錢。

她認為美美美、買買買是女人的天性；他卻抱怨她太愛花錢，不懂節約。

她喜歡浪漫；他說浪漫是浪費。

沒什麼誰對誰錯，但總之就是她喜歡的他都排斥。一個總是想往東，一個偏偏要往西，兩個根本沒有生活在同個世界的人，互相拉扯，又都不願意讓步，當然很累。

婚姻也好，愛情也好，其實人與人之間所有的關係，說到底都是價值觀與價值觀的碰撞。這世上當然有天生就相同的人，他們的喜好、經歷、性格都很合拍，所以天生就該是一對，但這種情況畢竟太少。

紛擾俗世裡，更多的其實是價值觀並不完全契合的人，但何以有些成了神仙眷侶，有些則成了泣血怨偶？

最重要的便是這個「合」字，你要找的不是一個三觀相同的人，而是三觀相合的人。

什麼是三觀相合，知名情感博主少女兔寫過這樣一段話：

你喜歡看書，他喜歡玩遊戲。這不叫三觀不合。
你喜歡看書，他說看書有什麼用，不就是裝文青。這才是三觀不合。
你喜歡去西餐廳吃牛排，他喜歡在大排檔吃串燒。這不叫三觀不合。
但是他說那玩意貴死了還不好吃，說你做作。這就是三觀不合。
說穿了，就是懂不懂得互相尊重，是否允許和自己不同價值觀的存在。
三觀相合是有自己的原則，但接納世界的多樣性，而不是將自己的價值觀凌駕於別人的價值觀之上。

一個覺得自己什麼都好、什麼都對，只要和他不一樣就是錯的人，千萬別和他結婚，因為他根本不知道什麼叫君子和而不同，你在他這裡永遠得不到尊重，更別指望能和他三觀相合。

一個三觀裡只有自己，沒有別人的人，往往是比較狹隘的，除非你完全犧牲自我，變成和他一樣的人，否則你不可能得到他的認同。

你真正應該結婚的，是那些懂得尊重並願意包容你的人。一對夫妻，但凡彼此懂得尊重，日子便不會太難過。

相愛而且尊重的夫妻是三毛和荷西。三毛一直喜歡浪跡天涯，心心念念要到撒哈拉去，荷西得知，毅然申請將工作調至撒哈拉。三毛後來在《撒哈拉的故事》裡寫到，就在荷西為她而來到撒哈拉的那一刻，她已經決定生生世世不離不棄。因為她知道荷西並不喜歡撒哈拉，卻願意尊重她的選擇，犧牲自己的喜好。

後來，我看三毛寫她和荷西的相處，怎麼看怎麼和諧，並不是因為兩個人三觀多麼相同，而是這兩個人都懂得尊重對方的價值觀。

三毛總有很多稀奇古怪的想法，荷西不理解，但願意隨她自己瞎折騰；荷西有時候非常固執，三毛卻願意包容。

出生在西方的荷西和成長在東方的三毛，三觀真的相同嗎？未必，但這兩個人卻是三觀相合的人，那是因為他們允許兩種不同的價值觀，各自存在於各自的體系裡，然後從這中間找到一個平衡點。彼此都有犧牲忍耐，但彼此也都得到了最想要的——愛。

婚姻是小摩擦和大包容。即使小摩擦不斷，但只要大包容這個原則還在，終有一日，那些稜角都會被抹平。

很多人容易矯枉過正，遇到價值觀不同的人、受到了一點傷害，就變得武斷，認定對方必須什麼都和自己一樣才對。其實當你這麼做的時候，就已經變成不懂得尊重的人。

這世上很難有價值觀完全相同的人，但卻有價值觀不同仍完美融合的人，因為夫妻間的彼此尊重，決定了他們是不是三觀相合。

最重要的根本不是去找一個和自己一樣的人，而是找到一個不狹隘、不自私、擁有包容心的人。漸漸地，你會被他身上那種寬廣的氣質感染，同樣成為一個願意包容、善於體諒的人。

和一個尊重多樣價值觀的人在一起，你就會明白人生的活法有很多種，也會知道這世上從來沒有所謂的「應該」。三毛和荷西，楊絳和錢鍾書，這些完美伴侶都有一個共同特質：尊重和理解生活的多樣性。

三觀不同不是災難，但不懂尊重的三觀不合，就真的不必湊合，因為湊合到最後，你會發現自己的世界越來越小，只容得下雞毛蒜皮。

三觀合不合，是指懂不懂互相尊重，

是否允許和自己不同價值觀的存在。

婚禮過後的生活，才最需要儀式感

婚姻中最重要的，
是相處不累、是志同道合、
是彼此擔待、是心存珍惜。

電視辯論節目《奇葩說》有一期的辯論主題是：有沒有必要舉辦婚禮。

其實，這個題目對我來說沒什麼可爭議的。什麼是必要？吃飯、喝水、呼吸是必要，至於婚禮，我覺得很簡單，想辦就辦，不想辦就不辦，從這個角度來說，應該不算必要吧。

但這個話題一度引起在場所有導師的熱議，包括嘉賓黃磊。他在節目裡坦言：

「婚禮是一場盛大的告白和儀式感，如果將來有個男人說不辦婚禮，那麼他一定不會把女兒嫁給那個人，因為連這種儀式感都不給的人，不能嫁。」

這一番言論戳中很多女孩的心。她們由此展開想像，一個即將叫作丈夫的男子，緩緩從老父親手中，接過萬眾矚目的自己，說出那一句：「我會好好照顧她」。

音樂、燈光、掌聲、鮮花，在那一刻只為她一人。如此夢幻，如此盛大，連她自己都在想像中恍惚，覺得人生至此，已然是個美好的結局。

就好像我們小時候看過的童話故事，王子和公主快樂地在一起，所有人都告訴你，這是個大團圓的結局。卻從來沒有人告訴你真相：那些在一起之後的歲月，才是人生中最大的考驗。

婚禮並不是一個美好的結局，只是以一種鬧哄哄的喜聞樂見的形式，開啟人生的另一個階段。婚禮過後那段攜手的漫漫時光，才是最重要的。

我倒是蠻喜歡其中一位主持人張泉靈對待婚姻的態度：在乎的是婚姻，而不是婚禮。看重的是婚姻中磨合相處的藝術，而不是流於形式的儀式感。

張泉靈提到自己婚姻生活中的一個細節：她和先生當年結婚，買完戒指之後，先生覺得戴著不方便，她欣然同意他可以不戴戒指，多年後，她因自己發胖，戴著不舒服，便也放棄了。

有人吐槽：不戴戒指是方便出軌吧。戒指畢竟是一種象徵，儀式感這麼強，怎麼能說不戴就不戴。

但張泉靈就是沒戴，也不見得人家的婚姻就有問題。其實，我對以自己的儀式感去要求別人同樣複製的人反感。

結婚就一定要辦婚禮嗎？婚後就一定要戴戒指嗎？社會給我們的既定印象是，好像不做這兩件事，就代表我們的感情有問題。

但我一定要說，兩個人是否相愛，內心的感受才是最重要的。婚禮、戒指都是過於形式的東西，既不能肯定什麼，也不能否定什麼。

我也是一個結了婚的人，辦了婚禮，因為我喜歡。但直到今天為止，除了婚禮那一天，我再沒戴過戒指。一來，我不喜歡任何首飾；二來，因為一直在寫作，戴了很不方便。

婚戒這種對別人來說很有儀式感的東西，於我只有負累。那為何我一定要勉強自己，做一件迎合別人，但完全沒讓自己開心的事呢？

如果你說我這樣就是不愛老公，我想我老公會第一個站出來反駁你。

儀式感，從來不是別人說好美好喜歡，於是你也跟著瞎湊合。

我曾經在書寫自己外婆的時候，說她為了四代同聚，一而再，再而三地把自己的生日提前，以至於我們都漸漸忘了她真正的生日。她也不在乎，覺得出生年月不過是個形式，沒什麼值得紀念的，這麼多年一直讓她念念不忘、反復回憶的，是兒孫繞膝、歡聚一堂的那個瞬間。

這是我以為的儀式感：以自己的意願，收納人生的寂靜歡喜、熱淚盈眶。

比如張泉靈和先生的約定：如果對方睡覺打呼，那麼另一個人別打擾，別心煩，換個房間繼續做夢；如果兩個人那天吵架，則要相互擁抱，達成諒解。

又比如羅振宇和太太的約定：每天早上不管誰先起床，都為對方擠上牙膏。細小但卻鋪陳到生活中每個角落的關懷，綿遠流長，遠比一場婚禮來得更為感動。婚姻生活當然是需要儀式感的，但彼此尊重、彼此自由，同時萬分珍惜，才是婚姻中最重要的儀式感。

有人喜歡情人節、紀念日，約定了那一天要大把鈔票、大捧鮮花地大肆慶祝，這當然是一種儀式感，但也有人從未有節日概念，卻把每一天都當作最珍貴的日子來過，誰敢說這不是另一種儀式感？

美劇《六人行》裡，莫妮卡和錢德勒結婚，兩人幻想了很多很多關於婚後的生活細節：生一個孩子、住在喜歡的房子裡、每天晚上互道晚安，他們想了那麼多，卻沒有一條是關於婚禮的，後來莫妮卡終於明白，她想要的不是婚禮，而是婚姻。

梅爾吉勃遜主演的電影《梅爾吉勃遜之英雄本色》，滿滿的悲涼中，最溫暖的一幕是：

華勒斯對茉倫說：「農事會很繁忙的，但等我的兩個兒子來臨就會改變。」

茉倫：「你有孩子？」

華勒斯：「還沒，但我希望你能幫我。」

這是他們對於未來生活的想像，無關婚禮，只有瑣碎生活裡的那些小確幸。可是美好極了。

有很多人曾有過燦爛至極的婚禮，卻也沒抵過爾後的一地雞毛；也有很多人登記蓋章之後，簡簡單單生活在一起，卻在細水長流中看遍人生風景。

因為再美好的婚禮，也拯救不了一場糟糕的婚姻。

千萬別糾結人們所說的儀式感，婚姻中最重要的，是相處不累、是志同道合、是彼此擔待、是心存珍惜，而不是為一些所謂的形式本末倒置，無窮盡地撕扯下去。

當兩個人十指相扣，在心底寫下那句：我願意，並決定從今好好在一起的瞬間，就已經獲得了專屬的儀式感。

而當你們在婚姻長河中跋山涉水，始終沒有拋下對方，就已經將婚姻裡的儀式感走到極致了。

直到今天，我最慶幸自己擁有的儀式感，不是婚禮，而是在一起。

婚姻這條路要走很久很久，你和他會有比婚禮更美好的時刻去見證，會有比婚戒更珍貴的東西去擁有。

婚姻中最重要的儀式感，是用一輩子慢慢愛一個人，而不是靠一個婚禮，靠幾個紀念日，就過完一生。

出門逛街，順帶買個菜回來；電影院看電影，靠著他的肩膀吃完一整桶爆米花；想到第二天是週末，去超市買了鮮花和水果，精心準備好一桌飯菜等他歸來……。維吾爾族有一句諺語：「除了死亡，都是婚禮。」是的，當你正活在自己的想像中，每一天都美好而溫暖，你就在自己的婚禮中。

只把結婚典禮當儀式感的人生，未免太過單薄，我更喜歡那一種愛怎樣就怎樣，尊重儀式，但不被形式所迫的人生。

三句話就能
吵起來的，
往往就是「原配」。

我們相互嫌棄，卻又不離不棄

朋友圈的群組裡H突然說：「結過婚的出來閒聊一下，我才結婚一年，一言不合就吵架。我想知道是我太悲慘，還是大家都一樣？」

她不過是做頓晚飯，一不留神把鹽放多了，先生就不耐煩，說她廚藝欠佳，她當然不爽，兩個人就吵了起來。

H很鬱悶，說結婚前不是這樣的。

那當然，結婚前也沒耳鬢廝磨，隔著一段婚姻的距離，你那麼貌美如花，他那麼風流倜儻。結婚後大不一樣，一日三餐，終日相對，你卸了妝有幾個斑，他一清二楚，他脫掉衣服，身上是肌肉還是肥肉，你也火眼金睛。

沒人比你們更熟悉彼此，別人都只看到他一面，你卻看到了多面，有點怨言再正常不過。

我給H一句話：「知道嗎？在這個世界上，即使是最幸福的婚姻，一生中也會有兩百次離婚的念頭，和五十次掐死對方的想法。」吵架是婚姻中再正常不過的事，不要覺得你特殊，誰不是今朝歡喜明朝怨懟，這麼一路走過來的？

作家好友艾明雅說：「如何鑒定一對原配？就看他們三句話能不能吵起來。」還真的是。結婚兩年，每次吵架，無非小事。今天我可以因為他把我急用的化妝品亂塞進櫃子，對他大發脾氣；明天他也會因為我給他買錯衣服顏色，抱怨我眼力太差。

他嫌棄我傲嬌、懶散又倔強，我討厭他拽屁、沒品還流氓。可是也就這麼著，一言不合翻臉，一言不合啪啪啪地生活了這麼多年。

這是多少夫妻的寫照？

我妹說：「姐啊，你和姐夫認識了十幾年，結了婚還免不了吵架，我看我還是不結算了。」

我反問她：「你以為結了婚後，該是什麼樣子？」

她笑說：「難道不應該是太太出門跟從，太太命令服從，太太說錯了盲從；太太化妝等得，太太生日記得，太太打罵忍得，太太花錢捨得？都不是的話，至少也該相敬如賓吧。」

相敬如賓？嚇得我當時一口汽水差點沒嗆到。

互相把對方當成座上賓看待，這樣的婚姻未必就是好姻緣啊。曹雪芹說得多好：「縱是齊眉舉案，到底意難平。」

賈寶玉和薛寶釵夠相敬如賓吧，但誰都知道寶玉愛的是林妹妹，那個三天兩頭使小性子、動不動就和他吵架的林妹妹。

他們吵起來驚天動地，還要老太太出馬勸和，可是一但好起來，卻是那樣至死不渝。

吵架又怎樣，多少夫妻根本就是怎麼吵也吵不開的一對。

有時候，大家真是放大了婚姻裡的吵架，以為那是婚後的一地雞毛，抑或吵架代表著兩個人一走進婚姻，就踏入了圍城。

終於，很多年輕男女在別人日復一日的吵架中開始恐婚，他們不能想像，從婚前的兩小無猜到婚後的柴米油鹽。

有人問我：「結婚是什麼感覺？」我說：「沒想像中可怕，蠻好的。」她笑我必定是剛結婚。不不不，從二〇一三年初登記了之後，也有好幾年，我真的沒覺得婚姻有多可怕。

有人說婚姻是圍城。是，我認同。結婚後勢必要為對方考慮，婚姻會成為溫柔的牽絆。但圍城可以圍起你，也可以保護你。

於我，兩個人哪怕吵到天翻地覆，但只要第二天一覺醒來，躺在身邊的人還是他，就有莫名的安心。婚姻給我的安全感，不是戀愛可以代替的。

每個女人都無須害怕婚姻中的吵架，最怕的是他懶得搭理你。

為什麼林妹妹和寶哥哥吵個不停？因為彼此太期待。太期待被愛，太容易煩惱。

還是老一輩的人眼尖。我媽有次看見我倆三句話不到又吵了起來，半小時後，又說說笑笑鑽進廚房洗手作羹湯，不停地說：「嗯，放心了，是能一起過日子的人。」

如果你經歷過婚姻，一定懂我媽說的話。夫妻情本就是世間最接地氣的感情，也是最深厚的感情。

兩個人，年年歲歲，一桌子吃飯，一床上睡覺，前一秒開吵，後一秒啪啪，吵吵鬧鬧竟也天荒地老。

我們相互嫌棄，我們不離不棄。吵不散、鬧不開的都是絕配。所以，你怕什麼呢？

不過就是他損你兩句，你還他一嘴。日子該怎麼過還怎麼過。

最怕就是兩人太把吵架當一回事，以為數落一句就是不愛了。

我常常聽有些女孩說：「失望透了就離開。」她們眼裡的失望小到不能再小，全是柴米油鹽的恩怨。

其實真的小題大做了。

婚姻是一台電冰箱，忽冷忽熱在所難免，離不開日常的調適和維修。

一失望就離開，只怕要永遠失望。

美國婚姻諮詢師溫格・朱利說：「家庭既然是難言之隱的避難所，婚姻就應該具有藏汙納垢的能力。」

我非常贊同這句話。很多女人都太把婚姻生活理想化，所以特別容易失落。但回頭想一想，難道不是越親密的人之間，越容易看到對方陰暗的心思嗎？

沒有人十全十美，每個人都自帶慾望。要允許愛情有私心，要接納婚姻裡無關緊要的小齷齪。

企圖在婚姻裡避開不堪，是不可能的，最好的方法是面對。人始終是要面對現實的，唯有看懂愛情中的陰暗面，諒解對方人性中的自私，才能真正懂得如何相守。

時至今日，我不再有少女時期的彷徨，更無懼婚姻中的吵鬧。

從愛情到婚姻，和我在玩的手遊沒什麼區別，不就是一個不斷升級的過程。我只要不間斷地打怪、更新裝備、提升戰鬥力，就能進入下一個階段。技能不足，大俠就重新來過，誰怕誰。

最重要是心態的轉變：別把吵鬧當天塌，別把婚姻當童話。

當然，如果天天吵架就得反省了。我和老公有約定，吵架不過夜，實在氣不過，啪啪啪來消氣。

吵吵鬧鬧，起碼熱熱鬧鬧，最怕你把日子過冷了。

我將溫格‧朱利的著作《幸福婚姻法則》裡的定律送給大家。

1. 太太定律

第一條：太太永遠是對的。

第二條：如果太太錯了，請參照第一條執行。

2.
孩子定律

第一條：孩子永遠是孩子，丈夫也是孩子。

第二條：當丈夫引起你的不滿時，請讀三遍第一條。

3.
家產定律

第一條：除了一張雙人床外，其他一切東西都可有可無。

第二條：當日子過得愈來愈繁瑣，請共同高聲朗讀第一條。

希望我們都能把日子過好，讓情感專家們另謀出路。

婚姻是一台電冰箱，
忽冷忽熱在所難免，
離不開日常的調適和維護。

國家圖書館出版品預行編目 (CIP) 資料

超越自己就美，管她什麼完美！ / 林宛央著 . -- 初版 . -- 新北市：幸福文化出版：遠足文化發行，2020.08
面； 公分
ISBN 978-986-5536-10-7(平裝)
1. 修身 2. 自我實現

192.1 109010125

富能量 0006

超越自己就美，管她什麼完美！

作　　者：林宛央
責任編輯：林麗文
封面設計：Bianco_Tsai
內文排版：王氏研創藝術中心
印　　務：黃禮賢、李孟儒

出版總監：黃文慧
副 總 編：梁淑玲、林麗文
主　　編：蕭歆儀、黃佳燕、賴秉薇
行銷企劃：祝子慧、林彥伶、朱妍靜

社　　長：郭重興
發行人兼出版總監：曾大福
出　　版：幸福文化／遠足文化事業股份有限公司
地　　址：231 新北市新店區民權路 108-1 號 8 樓
網　　址：https://www.facebook.com/happinessbookrep/
電　　話：(02) 2218-1417
傳　　真：(02) 2218-8057

發　　行：遠足文化事業股份有限公司
地　　址：231 新北市新店區民權路 108-2 號 9 樓
電　　話：(02) 2218-1417
傳　　真：(02) 2218-1142
電　　郵：service@bookrep.com.tw
郵撥帳號：19504465
客服電話：0800-221-029
網　　址：www.bookrep.com.tw

法律顧問：華洋法律事務所 蘇文生律師
印　　刷：通南彩色印刷公司

初版一刷：2020 年 08 月
定　　價：360 元